Anja Hirschmann, Martina Sundheim

Eine Handreichung für die Praxis im Umgang mit den unterschiedlichen Profilen hochbegabter Kinder

D1666841

BEGABTENFÖRDERUNG

Praxisberichte des
ICBF Münster/Nijmegen

herausgegeben von

Dr. Christian Fischer (Universität Münster)
und
Prof. Dr. Franz J. Mönks (Universität Nijmegen)

Band 3

LIT

Anja Hirschmann, Martina Sundheim

Eine Handreichung für die Praxis im Umgang mit den unterschiedlichen Profilen hochbegabter Kinder

LIT

Bibliografische Information der Deutschen Nationalbibliothek
Die Deutsche Nationalbibliothek verzeichnet diese Publikation in der
Deutschen Nationalbibliografie; detaillierte bibliografische Daten sind
im Internet über http://dnb.d-nb.de abrufbar.

ISBN-10: 3-8258-0021-0
ISBN-13: 978-3-8258-0021-5

© LIT VERLAG Berlin 2007
Auslieferung/Verlagskontakt:
Fresnostr. 2   48159 Münster
Tel. +49 (0)251–620320   Fax +49 (0)251–231972
e-Mail: lit@lit-verlag.de   http://www.lit-verlag.de

Was den tiefsten Zukunftsglauben entfacht,
Die besten Gefühle im Menschen findet,
Und was ihre tiefsten Gedanken entzündet,
Und was uns innigst mit dem Leben verbindet,
Ist ein Kinderlachen strahlend und klar.

Janusz Korczak

Grußwort

Die Förderung hochbegabter Kinder und Jugendlicher erlebt seit einigen Jahren einen Aufschwung in ganz Europa. Dieses wachsende Interesse ist zum großen Teil den Eltern und Lehrpersonen zu verdanken, die sich in der Praxis mit Schwierigkeiten und Problemen hochbegabter Kinder konfrontiert sahen. Sie fühlten sich den betroffenen Kindern gegenüber verantwortlich.

Da das Thema so lange tabuisiert wurde, ist es nicht einfach herauszufinden, welche Formen der Förderung passend und wünschenswert sind. An dem Punkt war es Pionierarbeit, etwas auf den Weg zu bringen. Unterschiedliche Versuche, den Kindern zu geben, was sie brauchen, haben sich im Laufe der Zeit mehr oder weniger bewährt. Durch den offenen Austausch in multiprofessionellen Gemeinschaften wurde die Arbeit mit hochbegabten Kindern weiterentwickelt. Inzwischen gibt es für Lehrende in Grund- und weiterführenden Schulen die Möglichkeit, sich zu diesem Thema fortbilden zu lassen.

Der Lehrgang zum Diplom ‚Specialist in Gifted Education' (ECHA-Kurs) qualifiziert in Europa Lehrpersonen im Umgang mit hochbegabten Kindern und Jugendlichen. Dieses Programm wurde in Nijmegen (Niederlande) entwickelt und läuft jetzt in mehreren Europäischen Staaten. An der Westfälischen Wilhelms Universität Münster wird das Programm für Deutschland koordiniert.

Beeinflusst durch den Echa- Kurs haben Anja Hirschmann und Martina Sundheim dieses Buch gemeinsam geschrieben. Die Arbeit stellt ein Musterbeispiel dar, wie wissenschaftlich entwickelte Konzepte und Modelle im Schulalltag umgesetzt werden können. Es gelingt den beiden Autorinnen einen Bogen zwischen Theorie und Praxis zu spannen.

Das Buch wird die Leser inspirieren, sich auf ähnliche Weise auf den Weg zu begeben. Ausgangspunkt sind die Bedürfnisse begabter Kinder, die so lange unbeachtet blieben. Nicht alle hochbegabten Kinder sind gleich, deshalb sind auch die Bedürfnisse sehr unterschiedlich. Das macht die Arbeit nicht leicht, aber wie immer wieder betont wird, erleben Pädagogen bei dieser Arbeit selbst viel Freude. Die Belohnung für den Lehrenden ist groß. Letztendlich erlernt man als Lehrperson eine neue Haltung im Unterricht die kindorientierter ist und allen Schülern und Schülerinnen zugute kommt.

Dieses Werk gibt allen Interessierten eine gute Einführung und sicher auch viel Freude beim Lesen und bei der praktischen Umsetzung.

Nijmegen, den 9. September 2006

Dr. Willy Peters

Program Director des ECHA-Lehrgangs,
Specialist in Gifted Education

Inhaltsverzeichnis

Vorwort 7

1. Einleitung 8

2. Begabungsmodelle 9
   2.1 Renzulli 9
   2.2 Mönks 9
   2.3 Heller 10
   2.4 Begabungsförderung 12
       2.4.1 Kreativität 12
       2.4.2 Motivation 14
       2.4.3 Flow 14

3. Grundsätze der schulischen Förderung 16
   3.1 Konkrete Fördermaßnahmen in der Schule 18
       3.1.1 Akzeleration 18
       3.1.2 Enrichment 19
   3.2 Profile von hochbegabten Kindern 19

4. Werkstatt 22
   4.1 Einstieg in die Werkstattarbeit 23
   4.2 Lernwerkstatt 23
   4.3 Fallbesprechungen 25
       4.3.1 Fallbeispiel: Bastian 25
       4.3.2 Fallbeispiel: Marlena 26
       4.3.3 Fallbeispiel: Kai 27
       4.3.4 Fallbeispiel: Dominik 27
       4.3.5 Fallbeispiel: Tom 28
       4.3.6 Fallbeispiel: Lennard 29
   4.4 Vermittlung von Hintergrundwissen 30

5. Arbeit in der Lernwerkstatt 30
   5.1 Einstieg in die Arbeit innerhalb der Lernwerkstatt 30
   5.2 Strategien im Umgang mit hochbegabten Schülern 31

5.2.1 Erste Station: „Der erfolgreiche Schüler" Kai 31

5.2.1.1 Akzeleration 31

     5.2.1.2 Defizite aufarbeiten 32

5.2.2 Zweite Station: „Der Herausforderer" Lennard 33

     5.2.2.1 Reframing 33

     5.2.2.2 Teilunterricht in höheren Klassen 35

5.2.3 Dritte Station: „Der Rückzieher" Marlena 36

5.2.3.1 Positivliste 36

5.2.3.2 Rollenvorbilder 38

     5.2.4 Vierte Station: „Der Aussteiger" Dominik 39

     5.2.4.1 Merkmale hochbegabter Leistungsversager 39

     5.2.5 Fünfte Station: „Der Lern- und Verhaltensgestörte" Tom 42

     5.2.5.1 Schultagebuch 42

     5.2.5.2 Aktionsraum 43

     5.2.5.3 Motivation umleiten 45

          5.2.5.3.1 Anstrengungsverweigerung 46

     5.2.5.4 Wirklichkeitswahrnehmung 48

          5.2.5.4.1 Elterngespräche zur Klärung
               der realen Situation 52

     5.2.5.5 Positive Bestärkung 53

     5.2.6 Sechste Station: „Der Selbstständige" Bastian 54

     5.2.6.1 Differenzierter Wochenplan 54

     5.2.6.2 Drehtürmodell 56

5.3 Abschluss der Werkstattarbeit 58

     5.3.1 Resümee 58

5.4 Fazit zur Werkstatt 60

6. Schlussbemerkung **60**

7. Literaturverzeichnis **62**

8. Anhang **66**

Vorwort

Unsere Schulen sollten erfüllt sein mit Kinderlachen. Kinder, die sich in unseren Schulen wohl fühlen, fällt es leichter zu lernen und den Schulalltag zu leben. Sie bauen ein positives Selbstkonzept auf oder werden in ihrem positiven Selbstkonzept bestärkt. Nicht immer ist es so. Die Gründe könnten im familiären Umfeld liegen, in der Persönlichkeit des Kindes oder die Schule könnte Ursache sein. Schulschwierigkeiten müssen nicht mit Minderfähigkeiten der Schüler einhergehen. Im Gegenteil, auch Kinder mit besonderen Fähigkeiten können zu Problemfällen werden.

Im Schulalltag beobachten wir, dass hochbegabte Kinder vielfältige Fähigkeiten, Besonderheiten und Fertigkeiten mitbringen. Es können aber auch unterschiedliche Probleme auftreten, z. B. Anstrengungsverweigerung, geringe Motivation, Kreativitätsverlust, Leistungsverweigerung oder fehlende Arbeits- und Lerntechniken. Die Probleme gehen mit unterschiedlichen Schülerprofilen einher. Ein erfolgreicher Schüler bedarf eines anderen Förder- und Forderplans, als ein lern- und verhaltensgestörter hochbegabter Schüler. Wie können wir als Lehrkraft auf unterschiedliche Profile und den damit verbundenen Fähigkeiten und Problemen eingehen?

Ziel dieses Buches soll eine Sensibilisierung für die Besonderheiten hochbegabter Schüler sein, außerdem die Vermittlung von möglichen Strategien im Umgang mit hochbegabten Schülern. Durch selbsttätiges Handeln werden die Leser in die Lage ihrer Schüler versetzt und schlüpfen damit in die Rolle des Lernenden.

Ein Schwerpunkt der Stationsaufgaben in der Werkstatt liegt darin, die Probleme hochbegabter Schüler nachzuempfinden und somit Empathie zu entwickeln. Ein weiterer Schwerpunkt setzt sich mit der eigenen Kreativität, der eigenen Motivation und den eigenen Denkweisen auseinander. Wir erhoffen uns dadurch, den Lesern die Notwendigkeit darzulegen, hochbegabte Schüler individuell ihren Fähigkeiten und Schwierigkeiten gemäß zu unterrichten. Auch hochbegabte Schüler müssen die Schule mit der Chance auf ein positives Selbstkonzept absolvieren können.

1. Einleitung

„Ein Schulmeister hat lieber einige Esel als ein Genie in seiner Klasse, und genau betrachtet hat er ja auch Recht, denn seine Aufgabe ist es nicht extravagante Geister heranzubilden, sondern gute Lateiner, Rechner und Biedermänner." (Hesse, H. 1906)

Diese im Jahre 1905 von Hermann Hesse aufgezeichnete Beobachtung steht im krassen Gegensatz zu der heutigen Auffassung, dass alle Kinder gemäß ihrer Begabung gefordert und gefördert werden sollen. Förderprogramme für weniger Begabte waren immer schon üblich, aber der eigentliche Durchbruch für die Begabtenförderung brachte ein Kongress in Hamburg im Jahre 1980 unter dem Thema „Das hochbegabte Kind: medizinisch, psychologisch und pädagogisch" unter der Leitung von Wierczerkowski und Wagner.

Dieser Kongress war wegweisend für Forschung und Praxis zum Thema Hochbegabung. Lehrerfort- und weiterbildung zu dieser Thematik gewannen an Bedeutung. Unterrichtsinhalte und Formen sollten auf ihre Brauchbarkeit hin überprüft werden.

Lewis Termann (1877-1956) setzte sich schon sehr früh mit dem Thema Hochbegabung auseinander. Eine der längsten Studien zum Thema Begabung ist von ihm initiiert und begleitet worden (vgl. Termann, L. M./Oden, M. H. 1959 und Mönks & Ypenburg 2001).

Termann ging davon aus, dass Hochbegabung biologisch determiniert sei, und das Intelligenz, die psychometrisch erfasst werden kann, der bestimmende Faktor sei. Erst im hohen Alter von 77 Jahren musste Termann zugeben, dass sein Einfaktorenmodell nicht hinreichend für die Erklärung von Hochbegabung ist.

Neben der Intelligenz sind auch Umweltmerkmale und nicht-kognitive Persönlichkeitsmerkmale entscheidend dafür, dass sich eine Veranlagung in Leistung niederschlägt. Mehr-Faktoren-Modelle zeigen den Zusammenhang zwischen Begabung und Leistung auf.

2. Begabungsmodelle

2.1 Renzulli

Ein Begabungsmodell, das heute weit verbreitet ist, ist das Konzept der drei Ringe von Joseph Renzulli.

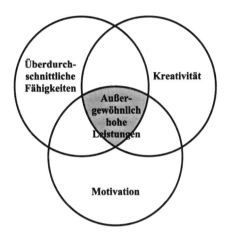

Abbildung 1: Begabungsmodell (Renzulli 1986, 1993)

Renzulli definiert außergewöhnlich hohes Leistungsverhalten als ein Ergebnis von drei ineinander fließenden Faktoren:
– überdurchschnittliche Fähigkeiten
– Kreativität
– Motivation, Aufgabenverbundenheit,
Huser setzt noch das Durchhaltevermögen dazu (1999)

2.2 Mönks

Mönks erweitert dieses Mehr-Faktoren-Modell mit den von J. Renzulli angegebenen Persönlichkeitsmerkmalen um die drei Sozialbereiche Familie, Schule, Freunde (peers), wobei nicht beliebige Freunde, sondern Entwicklungsgleiche gemeint sind.

Mönks Mehr-Faktoren-Modell der Hochbegabung wird in der Fachwissenschaft auch „Modell der triadischen Interdependenz" genannt.

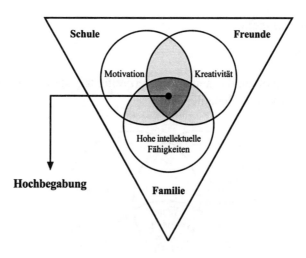

Abbildung 2: Mehr-Faktoren Modell von Mönks

Erst wenn alle sechs Faktoren in richtiger Weise miteinander in Verbindung treten, kann sich eine harmonische Entwicklung der Hochbegabung ergeben und in besonderen Leistungen oder auffallenden Handlungen zum Ausdruck kommen.

Eine wesentliche Voraussetzung ist genügend soziale Kompetenz, d. h. die Fähigkeit mit anderen einen befriedigenden Umgang zu haben. (Mönks & Ypenburg 2001)

2.3 Heller

Das Modell von Heller zeigt in detaillreicher Weise den Zusammenhang der unterschiedlichen Begabungsfaktoren wie z. B. intellektuelle, kreative, musikalische und psychomotorische Fähigkeiten (Prädikatoren) treffen auf unterschiedliche nicht-kognitive Fähigkeiten (Moderatoren) z. B. familiäre Lernumwelt, Familienklima, Klassenklima und kritische Lebensereignisse.

Nur bei einer gelungenen Interaktion zwischen diesen Prädikatoren und Moderatoren kann Begabungspotential in Leistung realisiert werden.

Die Leistungsbereiche (Kriterien) können sehr unterschiedlich sein, z. B. Sprache, Mathematik, Sport, usw. Das Modell von Heller berücksichtigt sowohl moderne Intelligenztheorien (Gardner) als auch die Begabungskonzeption von Renzulli und Mönks.

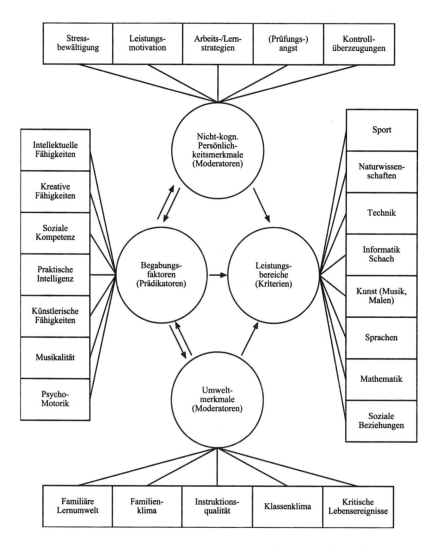

Abbildung 3: Das Münchener Hochbegabungsmodell als Beispiel für mehrdimensionale bzw. typologische Begabungskonzepte (Heller 1998)

2.4 Begabungsförderung

2.4.1 Kreativität

Begabungsförderung ist ohne die Förderung von Kreativität nicht denkbar, dies gilt auch für die Schule. (Bundesministerium für Bildung und Forschung 2001, S. 55) M. Csikszentmihalyi versteht Kreativität als zentrale Sinnquelle des Lebens. Sie besteht aus der Interaktion von drei Elementen: Kultur, Person, Feld. Kreativität ist der Prozess, durch den eine symbolische Domäne der Kultur verändert wird und dessen Ergebnis von einem Feld von Experten anerkannt wird.

Diese große Kreativität lässt sich für die Schule etwas vereinfacht ausdrücken. Huser versteht unter Kreativität ein schöpferisches und unkonventionelles Denken und Tun, das sich auf verschiedene Intelligenzbereiche – sowohl kognitive wie musische – bezieht und das zu sozial wünschenswerten Ergebnissen führt (Huser 2000, S. 42).

Kreative Arbeitsformen haben den Vorteil, dass der schwächere Schüler erfahren kann, dass mehr in ihm steckt, als er weiß. Der stärkere Schüler kann erleben, dass er zu mehr fähig ist, als die Schule normalerweise von ihm fordert (Bundesministerium für Bildung und Forschung 2001, S. 55).

Um die kindliche Kreativität zu fördern, ist es notwendig, eine Basis zu schaffen, auf der sie sich selbstständig entfalten kann. Dazu können folgende Empfehlungen gegeben werden (Urban 1998):

♦ Kreative Menschen brauchen Selbstvertrauen.
Wenn Kinder Fehler machen, soll doch das Bemühen um eigenständige Lösungen im Vordergrund stehen. Kinder müssen immer wieder zu Neuanfängen ermuntert werden.

♦ Kreativität erfordert ein Was-wäre-wenn Denken.
Rollenspiele und Simulationen können förderlich sein.

♦ Für kreatives Problemlösen sind auch systematisches Denken und Arbeiten notwendig, d.h. Kinder müssen schon früh angeleitet werden, sich selbstständig Informationen aus Fachbüchern und Internet zu verschaffen.

◆ Kreative Leistungen erfordern hohes Durchhaltevermögen. Der Arbeitsfortschritt selbst muss für das Kind das größte und lohnendste Ziel sein.

◆ Die Vertiefung in ein Wissensgebiet ist die wichtigste Voraussetzung für hochwertige kreative Leistungen, d. h. die Kinder schon früh ermutigen, ihren Interessen längerfristig nachzugehen.

◆ Kreatives Schaffen braucht eine entsprechend kreative Lernumgebung. Jeder Schüler hat das Recht, mit seinen Ideen und Gedanken ernst genommen zu werden. Er soll etwas lernen, ohne das ständig eine Leistungsbewertung erfolgt.

Schon allein durch gezieltes Einsetzen von Lehrerbemerkungen kann man die Kreativität der Schüler fördern. Zum Beispiel „Das ist ein interessanter Gedanke", „Schöner Vergleich, versucht noch weitere Vergleiche zu ziehen!" oder „Zählt möglichst viele Lösungsmöglichkeiten auf!" (Huser 2000, S.46).

Ein international berühmtes Beispiel dafür wie sich schöpferisches Potential weiter fördern und entwickeln lässt, sind die Kindergärten von Reggio Emilia in Norditalien (vgl. Ullrich, W./Brockschnieder, F. J. 2001).

Diese Kindergärten sind keine Betreuungsanstalten, in denen das Programm im Ausmalen und Ausschneiden von Vorgeducktem besteht. Es sind Werkstätten und Labors, in denen Kinder gemeinsam Aufgaben lösen, die zu bewältigen ihnen vorher niemand zugetraut hätte.

Wichtig ist zu betonen, dass Motivation einen vermittelnden Faktor zwischen Begabung und Kreativität einerseits und außergewöhnlichen Leistungen andererseits bildet.

2.4.2 Motivation

Ein weiteres Persönlichkeitsmerkmal ist die Motivation. Motivation bezeichnet den Willen und das Durchsetzungsvermögen, eine bestimmte Aufgabe oder eine angefangene Arbeit auch zu Ende zu führen. Hinzu kommt, dass man Spaß am Lösen bestimmter Aufgaben hat (Gefühlskomponente), dass man Ziele setzen und Pläne machen kann (kognitive Komponente) und dass man Risiken und Unsicherheitsfaktoren in Kauf nehmen kann (Zukunftsperspektive) (Mönks & Ypenburg 2000, S. 22). Ziel der Lehrperson sollte es sein, die Motivation der Schüler durch geeignete Maßnahmen aufrecht zu erhalten und zu steigern. Dazu sind in Anlehnung an Huser (Huser 2000, S.35) folgende motivationsförderliche Ansätze möglich:

- ◆ Geben Sie dem überdurchschnittlich begabten Kind weniger Übungs- und Wiederholungsaufgaben. Stattdessen machen Sie verschiedene Lernangebote, aus denen es wählen kann.
- ◆ Setzen Sie gemeinsam mit dem Kind klare Ziele fest.
- ◆ Ermuntern Sie Neugierdeverhalten, andere Lern- und Denkwege, Mut zu ungewöhnlichen Fragen, neuen Ideen und Durchhaltewillen.
- ◆ Setzen Sie bei den Interessen und Stärken des demotivierten Kindes an.
- ◆ Geben Sie dem klugen Kind die Möglichkeit, seine Arbeit selbst zu reflektieren.

Abschließend ist festzuhalten, dass die Motivation für die Entwicklung hochbegabter Kinder eine große Rolle spielt, da sich ohne die Motivation Hochbegabung nicht ausbilden kann. Aus dem vorhandenen Leistungspotential kann ohne Motivation keine Leistung entstehen und damit letztlich auch kein „Lebenserfolg" eintreten.

2.4.3 Flow

Als Gegenpol zu Unterforderung und Langeweile zeigt Flow einen erstrebenswerten Zustand von höchster Motivation und Erfüllung (Huser 2000). Mihaly und Isabella Csikszentmihalyi fanden heraus, dass nicht nur Anforderung und Können im Gleichgewicht stehen müssen, sondern auch Anforderungen und Befähigungen über dem persönlichen Durchschnitt liegen müssen, um in den Flow eintreten zu können. T. Allison und M. C. Duncan (zitiert nach Huser 2001) fanden durch weitere Untersuchungen folgende Grundvoraussetzungen für den Flow:

- hohe Anforderungen, abgestimmt auf die eigenen hohen Fähigkeiten
- Wahlfreiheit und Autonomie
- eindeutige Rückmeldungen zur eigenen Tätigkeit
- klare Ziele und kreative Anteile im Tun

Wenn man diese Forschungsergebnisse mit dem Konzept des Begabungsexperten Joseph Renzulli vergleicht, zeigen sich erstaunlich viele Parallelen:

1) Schüler und Schülerinnen müssen entsprechend ihrer individuellen hohen Begabungen, Stärken und Interessen möglichst oft in den entsprechenden Bereichen arbeiten, damit sich ihre Fähigkeiten wirklich entfalten können.
2) Für eine hohe schulische Motivation sind projektorientiertes Lernen und individualisierende Maßnahmen, die selbstständiges Lernen ermöglichen, unerlässlich.
3) Kreative Tätigkeiten und Projekte sollen in einen für das Kind sinnvollen und zielgerichteten Zusammenhang stehen.
4) Projektziele müssen von Mädchen und Jungen persönlich angestrebt werden. Das heißt, dass sie auch emotional beteiligt, also intrinsisch motiviert sind.

Nach Untersuchungen von Mihaly Csikszentmihalyi ist Flow der Schlüssel für ein glückliches und sinnvolles Leben und führt zu einem positiven Selbstwert- und Lebensgefühl. Durch Flow gestärkte und beglückte Kinder neigen wegen ihrer größeren Zufriedenheit viel weniger dazu, süchtig oder gewalttätig zu werden. Flow, den Jugendliche aktiv durch sportliche, soziale oder intellektuelle Tätigkeiten erreichen können, kann gerade in der Pubertät helfen, das Ich zu stärken und Harmonie und Einklang mit sich selbst zu finden (vgl. Csikszentmihalyi, M. und I. 1995).

3. Grundsätze der schulischen Förderung

Die Schulen sollen im Rahmen ihrer Bildungs- und Erziehungsaufgabe darauf achten, dass alle Schülerinnen und Schüler ihren Begabungen gemäß eine individuell angemessene Förderung erhalten.

Um Hochbegabte in der Schule fördern zu können, ist die Früherkennung und -förderung der Kinder schon in der Grundschule besonders wichtig. Diese Förderung soll durch besondere Unterrichtsmaßnahmen und durch Erweiterung des Unterrichtsangebotes erfolgen. Dabei steht nicht eine isolierte Ausbildung kognitiver Fähigkeiten im Mittelpunkt, sondern die Förderung der Gesamtpersönlichkeit. Durch individualisierten Unterricht können unterschiedliche Begabungen, Kulturprägungen, Lerntempi und Interessen besser berücksichtigt werden.

Nach Urban (Urban 1998) gibt es folgende Qualitätskriterien für einen begabungsentwickelnden offenen Unterricht:

♦ *Methodenvielfalt:*
Differenzierte Gruppenarbeit mit verschiedenem Materialangebot und unterschiedlichem Schwierigkeitsgrad, Partnerarbeit, Projekte und Freiarbeit ermöglichen den Schülern, sich optimal zu entfalten.

♦ *Freiräume:*
Freiräume zum selbstständigen Lernen, Teilbefreiung vom Klassenunterricht und ein Wechsel des Lernortes optimieren eigenständiges Lernen.

♦ *Niveaugruppen (Huser 2000, S. 56)*

♦ *Umgangsformen:*
SchülerInnen und LehrerInnen handeln gemeinsam Regeln aus, die Verständnis für das Anderssein, Toleranz und Akzeptanz beinhalten. Dazu gehört z. B. auch, Vermutungen auszusprechen und Kritik zu ertragen.

♦ *Selbstständigkeit und Inhalt:*
Bezüglich der Inhalts- und Zeitgestaltung und der Steuerung der

Lernprozesse soll den SchülerInnen eine Entscheidungsmöglichkeit eingeräumt werden.

+ *Lernberatung:*
Risikobereitschaft und damit der Mut zu Fehlern sollen als notwendige Bestandteile des Lernprozesses akzeptiert werden. Kompetente BeratungslehrerInnen geben Hilfestellung bei Leistungsversagen und entwickeln Strategien für besonders Begabte.

+ *Öffnung zur Umwelt:*
Exkursionen, außerschulische Fachleute und Lernorte erwecken die Neugierde und ermuntern zu anderen Lern- und Denkwegen und ermutigen zu ungewöhnlichen Fragen.

+ *Sprachkultur:*
Narrative Kultur, kreatives Schreiben und freier Ausdruck in Texten zu beliebigen Schreibanlässen werden gefördert. Dazu gehören auch Sprachspiele, Scherzfragen und Fachsprachen.

+ *Lehrerrolle:*
LehrerInnen sollen flexibel und bereit sein, von „eingefahrenen Gleisen" abzuweichen. Sie sollten die Rolle des Moderators, des Organisators, des Experten, des Laien, des Vorbildes, des Teilnehmers, usw. übernehmen können. Ein gutes Verhältnis zu den SchülerInnen, Gelassenheit, Sicherheit im Umgang mit hochbegabten SchülerInnen, Teamarbeit und Supervision sollten selbstverständlich sein.

+ *Akzeptanz des Unterrichts:*
Verständnis des Unterrichts als gemeinsame Arbeit, sinnvolle Nutzung der Unterrichtszeit, Akzeptanz durch die Eltern und Mitarbeit der Eltern sind Voraussetzung für eine erfolgreiche Arbeit in der Schule.

+ *Lernumgebung:*
Handlungsorientierte Materialien, Differenzierungsmaterial, Computer, Bücher, Spiele, ein Werkraum oder ein Schulgarten können kreatives Denken und Tun entfalten. Dabei helfen auch Zusammenarbeit mit anderen Schulen und Institutionen.

Die oben aufgeführten Maßnahmen sind für selbstständiges Lernen, eine hohe schulische Motivation und die Entfaltung der persönlichen Fähigkeiten unerlässlich. Die SchülerInnen erhalten die Möglichkeit ihr Potential auszuschöpfen und an ihrer Leistungsgrenze zu arbeiten und den Flow zu erleben.

Zusammenfassend gesagt ist das Wichtigste für einen begabungsfördernden Unterricht die größtmögliche Individualisierung (Huser 2000).

3.1 Konkrete Fördermaßnahmen in der Schule

Zur schulischen Stimulierung und Förderung der besonders Begabten gibt es zwei Strategien, die sich in der Praxis bewährt haben. Beide müssen grundsätzlich als Ausweichmöglichkeit zur Entwicklung individueller Schullaufbahnen in Betracht gezogen werden:

- ◆ **Akzeleration** = Beschleunigung des Lernens
- ◆ **Enrichment** = Erweiterung der Lernangebote

Die Verwirklichung dieser beiden Maßnahmen setzt einen differenzierten individualisierten Unterricht und ein reichhaltiges Materialangebot voraus. Das kann nur durch hoch motivierte und einsatzwillige Lehrpersonen erreicht werden.

3.1.1 Akzeleration

Unter Akzeleration versteht man all diejenigen Fördermaßnahmen, die zu einem schnelleren Durchlaufen der Schule führen. Dazu gehören eine vorzeitige Einschulung in die Grundschule, ein frühzeitiger Übergang in eine weiterführende Schule, das Überspringen einer oder mehrerer Klassen und die Teilnahme am Fachunterricht einer höheren Klasse. Die genannten Maßnahmen tragen nicht nur zur Entwicklung der intellektuellen Fähigkeiten bei, sondern helfen auch, die sozialen und emotionalen Bedürfnisse des hochbegabten Kindes zu befriedigen.

„Im Umgang mit Entwicklungsgleichen lernen Heranwachsende die lebenswichtigen Prinzipien von Geben und Nehmen, von Verstandenwerden und Wechselseitigkeit. Jeder Mensch, begabt oder nicht begabt braucht für eine gesunde psychische Entwicklung den Umgang mit Entwicklungsgleichen (in der Fachsprache: peers)" (Mönks & Ypenburg 2000, S. 54).

3.1.2 Enrichment

Enrichment bezeichnet die Erweiterung oder Vertiefung des Lehrstoffes: Wichtig dabei ist, dass der zusätzliche Lehrstoff an die Fähigkeiten und Bedürfnisse des betreffenden Schülers anknüpft, dass das Arbeits- und Lernniveau seinem Begabungsniveau angepasst ist. Themengebiete können sein: Musik, Fremdsprachen, Kulturen, Völker, Vorgeschichte, usw. Selbstständiges Arbeiten an selbstgewählten Projekten, offener Unterricht und aktiv entdeckendes Lernen sind für lernwillige und lernfähige SchülerInnen besonders geeignet (Bundesministerium für Bildung und Forschung 2001, S. 49/50).

Diese Unterrichtsformen sind in vielen Grundschulen erfolgreich erprobt worden. Hierbei sind die Anforderungen nach oben nicht begrenzt und jedes Kind kann auf seinem individuellen Niveau eine eigenständige Leistung erbringen. So wird vermieden, dass hochbegabte Kinder unterfordert werden. Besonders dann, wenn noch andere Fördermaßnahmen hinzukommen, z. B. Förderprogramme außerhalb des Klassenverbandes. Das können Arbeitsgemeinschaften, zusätzliche Leistungskurse oder Wettbewerbe sein. *Die optimale Förderung von Hochbegabten lässt sich sicher nur durch die Verknüpfung beider Maßnahmen erreichen.*

3.2 Profile von hochbegabten Kindern

Hochbegabte Schüler zeigen unterschiedliche Profile in ihrem Lernverhalten. Dieses Buch zeigt sechs verschiedene Fallbeispiele, die sich der Profilliste von Betts & Neihard 1988 zuordnen lassen. Natürlich lässt sich kein Schüler in eine bestimmte Form pressen, die Profilliste zeigt jedoch Merkmale, die hilfreich sind, die Probleme und Lernschwierigkeiten von hochbegabten Schülern einzuordnen und nachzuvollziehen. Außerdem hat die Profilliste von Betts & Neihardt den Vorteil, dass sie neben Verhaltens- und Erkennungsmerkmalen auch schulische Maßnahmen aufzeigt. Die Stationsaufgaben dieses Buches werden die schulischen Maßnahmen konkretisieren.

Tabelle 1: Profile von hochbegabten Schülern:

	Verhaltens-merkmale	Erkennungs-merkmale	Schulische Maßnahmen
Profil I *Der erfolg-reiche Schüler*	– perfektionistisch – gute Leistungen – will vom Lehrer bestätigt werden – vermeidet Risiken – akzeptierend und anpassungswillig – gefügiges und abhängiges Verhalten	– Schulleistungen – Leistungstests – Intelligenztests – Lehrerurteil	– Akzeleration und Enrichment – Unterstützung der persönlichen Interessen – Niveaubestimmung: d. h. Endstoff von Lehreinheiten als Testaufgabe zur Lösung vorlegen; nur Aufgaben oder Aufgabenbereiche als Lehrstoff anbieten, die nicht gelöst wurden – Umgang mit Entwicklungsgleichen – anregen zum selbstständigen Studium – Begleitung durch einen Mentor
Profil II *Der Heraus-forderer*	– verbessert den Lehrer – stellt Regeln zur Diskussion – ist ehrlich und direkt – große Stimmungsschwankungen – Arbeitsweise ist zuweilen inkonsistent – geringe Selbstkontrolle – kreativ – verteidigt eigene Auffassungen – strebsam	– Urteil der Mitschüler – Urteil der Eltern – Gespräche – erwiesene Leistungen – Beurteilung durch Erwachsene außerhalb der Familie – Kreativitätstests	– tolerantes Klima – möglichst Betreuung durch „geeigneten" Lehrer – kognitive und soziale Fertigkeiten üben – direkte und deutliche Kommunikation mit dem Schüler – Ausdruck von Gefühlen erlauben – Selbsteinschätzung positiv unterbauen – deutliche Vereinbarungen treffen – Mentorbegleitung

	Verhaltens-merkmale	Erkennungs-merkmale	Schulische Maßnahmen
Profil III *Der Rück-zieher*	– verneint Begabung – nimmt nicht teil an Programmen für begabte Schüler – vermeidet Herausforderung – wechselt Freundschaften – sucht soziale Akzeptanz	– Beurteilung durch begabte Mitschüler – Beurteilung durch Eltern – Leistungstests – Intelligenztests – erbrachte schulische Leistungen	– Begabung anerkennen und entsprechend darauf eingehen – zugestehen, nicht teilzu-nehmen an Förderakti-vitäten – Geschlechterrollenmo-delle geben, insbesondere bei Mädchen – „irrgefragt" Information zur Schul- und Berufslaufbahn geben
Profil IV *Der Aus-steiger (drop out)*	– nimmt unregelmäßig am Unterricht teil – sucht außerschulische Herausforderung – achtet nicht auf sein Äußerliches – isoliert sich selber – kreativ – übt Selbst- und Fremdkritik – arbeitet unregelmäßig – stört den Unterricht und reagiert sich ab – Schulleistungen sind mittelmäßig oder niedriger – defensive Einstellung	– Analyse der geleis-teten Arbeit – Information von Lehrern früherer Schulen – Diskrepanz zwischen Intelligenztestwerten und erbrachten Leistungen – inkonsistentes Leis-tungsverhalten – Beurteilung durch begabte Mitschüler – erbrachte Leistungen in außerschulischen Umgebungen	– schulpsychologische Untersuchung – Information zum sozialen Umfeld – evtl. therapeutische Begleitung – Mentorbegleitung – anlernen von Studien-gewohnheiten – Lernerfahrungen außerhalb der Schule – nicht-traditionelle Studi-enmethoden gutheißen
Profil V *Der Lern- und Ver-haltens-gestörte*	– arbeitet inkonsistent – liefert mittelmä-ßige oder geringere Leistungen – stört im Unterricht, fällt auf durch Abre-agieren	– ein sehr wechseln-des Profil bei einem Intelligenztest – Erkennung durch Lehrer, die Erfah-rung mit Leistungs-versagern haben – Erkennung durch Familienangehörige und andere Außen-stehende – Gespräche – Art und Weise des Leistungsverhaltens	– Aufnahme in ein Förder-programm für begabte Schüler – benötigtes Lernmaterial zur Verfügung stellen – Umgang mit Entwick-lungsgleichen (intellektu-elle Peers) fördern – selbstständiges Arbeiten und Studieren anregen – individuelle Betreuung

	Verhaltens- merkmale	Erkennungs- merkmale	Schulische Maßnahmen

Profil VI
 	
*Der Selbst-
ständige*
	– gutes Sozialverhalten
	– selbstständiges
	  Arbeitsverhalten
	– entwickelt eigene
	  Ziele
	– ist intrinsisch moti-
	  viert, braucht seinen
	  Ansporn von außen
	– kreativ
	– setzt sich leidenschaft-
	  lich ein für seine
	  Interessensgebiete
	– ist risikobereit
	– vertritt und verteidigt
	  eigene Auffassungen
		– erreichte
		  Schulresultate
		– Produkte in den
		  Interessensgebieten
		– Leistungstests
		– Beurteilung durch
		  Lehrer, Mitschüler
		  und Eltern, sowie
		  Eigenbeurteilung
		– Intelligenz- und
		  Kreativitätstests
			– Erstellen eines Langzeit-
			  studienplans
			– Akzeleration und
			  Enrichment
			– Lehrstoffkomprimierung
			– weit gefächerte Förderung
			– Mentorbegleitung
			– frühzeitige Zulassung
			  zur nächsten Schul- und
			  Studienart

4. Werkstatt

In den einzelnen Stationen der Werkstatt gibt es differenzierte The-
menschwerpunkte, die sich mit den Problemen hochbegabter Schüler
befassen. Die Stationsaufgaben sind so angelegt, dass die Leser nach-
fühlen können, wie sich hochbegabte Kinder mit ihren individuellen
Problemen fühlen. Durch das angebahnte Empathieempfinden soll es
den Lesern leichter fallen eigene Problemlösungsmöglichkeiten und
Strategien im Umgang mit hochbegabten Kindern zu entwickeln. Jeder Leser kann selbsttätig Schwerpunkte wählen, indem er sich für bestimmte Stationen entscheidet. Natürlich steht es jedem offen alle sechs
Stationen zu erarbeiten. Die Stationsaufgaben sind so gestellt, dass sie
in einer Gruppe (Lehrerkollegium, Fortbildungsteilnehmer) bearbeitet
werden. Natürlich können Sie sich auch alleine mit den Stationen beschäftigen.

Durch die Arbeit in unserer Werkstatt wollen wir den Lesern Hand-
werkszeug an die Hand geben, mit dem sie individuelle und differenzierte Fördermaßnahmen und Strategien erwerben, die sie sinnstiftend
in ihrem Unterricht einsetzen können.

4.1 Einstieg in die Werkstattarbeit

Zunächst sollte sich der Leser mit den sechs Fällen auseinandersetzen und sie mit Hilfe der Profilliste einer Ausprägung zuordnen. Die Modelle zur Hochbegabung (Renzulli, Mönks und Heller) liefern dabei wertvolle Hintergrundinformationen.

Tabelle 2: Übersicht

Thema	Groblernziel
Fallbesprechungen	Vielfalt von Verhaltensausprägungen hochbegabter Schüler kennen lernen
Profile von hochbegabten Schülern	Wissensstand über Profile hochbegabter Schüler erweitern
Hochbegabtenmodelle	Wissensvermittlung über neue Erkenntnisse in der Begabungsforschung

4.2 Lernwerkstatt

Zu jedem möglichen Schülerprofil haben wir eine Station erarbeitet. Es gibt sechs Stationen. Die Stationen befassen sich mit Möglichkeiten und Problemen hochbegabter Schüler. Die Themen einer Station richten sich nach den Problemen der Schüler in den Fallbeispielen. Die Strategien im Umgang mit den jeweiligen Fällen sind aber nicht festgelegt auf ein bestimmtes Profil, sondern auf die anderen Profile adaptierbar. Wir gehen von unseren Fällen aus, um beispielhaft Strategien zu vermitteln, die sich für uns als bereits praktikabel erwiesen haben.

Die Stationsaufgaben weisen auf Strategien im Umgang mit hochbegabten Kindern oder vermitteln Methoden, die mit Kindern durchgeführt werden können.

Tabelle 3: Lernwerkstattübersicht

Stationen	Thema	Aufgabe	Groblernziel
1.Station *Der erfolgreiche Schüler*	– Akzeleration	– Szenisches Spiel	– Entwicklung von Argumentationsstrategien
	– Defizite aufarbeiten	– Blindenschrift übersetzen	– Erkennen, dass auch hochbegabte Schüler Hilfe brauchen

Stationen	Thema	Aufgabe	Groblernziel
2. Station *Der Herausforderer*	– Reframing	– 9-Punkte- Problem	– Bewusstmachen der eigenen gesetzten Grenzen im Denken
		– Reframings finden	– Sensibel werden für Aussagen, die auf ein negatives Selbstkonzept schließen lassen.
	– Teilunterricht in höheren Klassen	– Spielwahl treffen	– Empathieempfinden anbahnen
3. Station *Der Rückzieher*	– Positivliste	– Sinnsprüche zusammensetzen	– Überprüfung eigener Denkweisen
	– Rollenvorbilder	– Geschichte: Der Adler	– Notwendigkeit erkennen, Rollenvorbilder aufzubrechen
4. Station *Der Aussteiger*	– Merkmale hoch- begabter Leis- tungsversager	– Karten zuordnen	– Erkennen, wie sich ein negatives Selbstkonzept äußern kann
5. Station *Der Lern- und Verhaltensgestörte*	– Selbstkonzept	– Schultagebuch	– Konzentration auf positive Verhaltensweisen lenken
	– Aktionsraum	– Singspiel	– Notwendigkeit erkennen, Aktionsraum zu geben
	– Motivation	– Chinesische Buchstaben gestalten	– Motivation umleiten
	–Anstrengungs- verweigerung	– Collage erstellen	– Strategieentwicklung
	– Wirklichkeits- wahrnehmung	– Puzzle	– Wirklichkeit definieren
		– Situation erörtern	– Strategieentwicklung
		– Fantasiereise	– Selbstgespräch kennen lernen
		– Elterngespräch	– Klärung der realen Situation
	– Positive Bestärkung	– Strategien finden	– Strategienentwicklung
6. Station *Der Selbstständige*	– Differenzierung	– Fantasiereise mit ecriture automa- tique	– Empathieempfinden anbahnen
	– Drehtürmodell	– Zuordnung von Karten mit Zeitungsartikeln	– Wissensreproduktion

4.3 Fallbesprechungen

Material:
- Sechs verschiedene Fallbeispiele
- Profile hochbegabter Kinder von Betts & Neihart, überarbeitet von Franz Mönks.

Aufgabe:
In Gruppen kann jeweils ein Fall besprochen werden. Jede Gruppe klärt mithilfe der Checkliste ab, welchem Profil das jeweilige Kind zugeordnet werden könnte. Abschließendes Hearing: Jede Gruppe stellt ihren Fall vor.

Didaktische Ziele:
Die Lehrer sollen ....
... miteinander ins Gespräch kommen.
... sich mit Profilen begabter Kinder auseinandersetzen.
... erkennen, dass sich gute Begabungen nicht immer in guten Leistungen widerspiegeln.
... erkennen, dass begabte Kinder nicht immer erkannt werden.
... die Vielfalt und Verschiedenheit begabter Kinder erkennen.
... lernen, die Checkliste als Hilfsmittel zur Erkennung begabter Kinder zu nutzen.

4.3.1 Fallbeispiel: Bastian

Bastian fällt bereits in den ersten Tagen des ersten Schuljahrs durch eine ausgezeichnete Lesefertigkeit auf. Er kann bereits kleine Geschichten lautgetreu aufschreiben und rechnet im Hunderterraum. Bastian besitzt ein hohes Maß an Kreativität, eine außergewöhnliche Sozialkompetenz und ist extrem intrinsisch motiviert. Vorbereitungen meinerseits Bastian nach den Herbstferien in das zweite Schuljahr springen zu lassen, scheitern an der familiären Situation. Die Eltern lassen sich scheiden. In Gesprächen mit der Mutter entscheiden wir uns dafür, Bastian im ersten Schuljahr zu belassen.

Im Frühjahr wurde Bastian im ICBF getestet. Er hat in allen Fächern einen Entwicklungsvorsprung von mindestens einem Jahr, in Mathematik sogar von zwei Jahren. Bastian möchte nicht springen. Ihm sind die Klassengemeinschaft und seine Freunde sehr wichtig. Tatsächlich erfüllt Bastian in der Klasse eine Vorbildfunktion. Viele Mitschüler orientieren sich an Bastians Verhalten. Sollte es im vierten Schuljahr durch Unterforderung zu Verhaltensänderungen kommen, wird Bastian in die fünfte Klasse springen.

Bastians Eltern fördern ihn soweit es ihre Möglichkeiten zu lassen. Sie bieten ihm ein anregendes außerschulisches Freizeitprogramm: Museumsbesuche und Naturparks, außerdem haben sie Kontakt zum „Drachenkinder"-Verein in Osnabrück aufgenommen. Bastians Kreativität unterstützen die Eltern, indem sie ihm Material und Literatur für seine Ideen zur Verfügung stellen.

Trotz der Scheidung verstehen sich beide Elternteile gut und bemühen sich, Bastian ein harmonisches Umfeld zu geben. Auch zu dem neuen Lebensgefährten der Mutter hat Bastian ein gutes Verhältnis.

4.3.2 Fallbeispiel: Marlena

Marlena gehört zu den Kindern, die schon zu Schulbeginn lesen können. Da von meinen sechzehn Erstklässlern schon fünf Kinder lesen, fällt Marlena noch nicht auf. Marlena ist ein sehr angepasstes Kind mit einer hohen Sozialkompetenz.

In die Klassengemeinschaft ist Marlena fest integriert. Sie hat eine feste Freundin, viele Kinder möchten mit ihr spielen. Marlena möchte nicht auffallen.

Sie ist ausgesprochen fleißig und perfektionistisch. Ihre Begabung ist ungewöhnlich breit gefächert. Marlena liest sehr gut, schreibt bereits Geschichten lautgetreu, zeigt sich im Bereich logischer Schulung sehr geschickt, rechnet bereits mit Zahlen unter Null, hat ein hohes Allgemeinwissen, zeichnet sehr gut und ist sehr sportlich. Einen differenzierten Wochenplan möchte Marlena nicht bearbeiten.

Marlena hat zwei ältere Brüder. Da die Schullaufbahn beider Brüder sehr schwierig ist, sind die Eltern froh, dass Marlena so „glatt" durch die Schule geht. Sie freuen sich über Marlenas Schulerfolge, sehen aber keinen Handlungsbedarf.

4.3.3 Fallbeispiel: Kai

Kai (8 Jahre) begegnet mir im Fachunterricht (Sport und Kunst) im dritten Schuljahr. Er ist für sein Alter relativ klein. Körperlich ist er seinen Mitschülern weit unterlegen, intellektuell jedoch weit überlegen. Kai ist bereits vom ersten ins zweite Schuljahr gesprungen. Mit seinen Mitschülern kommt Kai nicht gut zurecht, er ist ein Einzelgänger. Allerdings zeigt Kai kein Interesse daran, sich Freunde in der Klasse zu suchen. Er fügt sich ein ohne Ansprüche für sich zu stellen. Kai ist äußerst perfektionistisch. Oft sucht er die Bestätigung der Lehrkraft für seine außergewöhnlichen Leistungen.

Kai hat drei jüngere Geschwister: zwei wesentlich jüngere Schwestern und einen Bruder, der in mein erstes Schuljahr vorzeitig eingeschult wurde. Die Eltern sind beide Akademiker und haben eine hochqualifizierte Ausbildung. Sie bemühen sich sehr um Kai und seine Geschwister. Außerschulische Förderung findet statt, soweit es den Möglichkeiten entspricht. Leider sind diese sehr begrenzt, da Mutter und Vater arbeitslos sind. Anfang des vierten Schuljahres springt Kai auf eigenen Wunsch in das fünfte Schuljahr.

4.3.4 Fallbeispiel: Dominik

Dominik besucht die neunte Klasse der Hauptschule. Zunächst nehme ich ihn gar nicht als Schüler der Klasse wahr, denn er nimmt nicht regelmäßig am Unterricht teil. Ich unterrichte nicht jeden Tag in der Klasse. Dominik wird zugänglicher durch ein Projekt zum Thema Drogenmissbauch. Die Schüler zeichnen zu einer Ganzschrift einen Comic. Dominik zeichnet außergewöhnlich gut. Es gelingt ihm, die inhaltlichen Schwerpunkte in aussagekräftigen Bildern festzuhalten. Dabei spielt er seine ausgezeichneten Leistungen jedoch herunter, kritisiert sich, aber auch die Leistungen seiner Mitschüler. Bevor wir den Comic zusammensetzen können, zerreißt Dominik seine Bilder. Die durch die Arbeit am Comic entstandene Nähe zur Klassengemeinschaft ist damit zerstört. Im Folgenden stört Dominik den Unterricht, wobei er sich durch unsachgemäße Äußerungen und anmaßende Kraftäußerungen abreagiert. Das Elternhaus ist sehr schwierig. Dominik ist weitgehend sich selber überlassen.

4.3.5 Fallbeispiel: Tom

Tom (8 Jahre alt) kommt nach den Herbstferien in mein zweites Schuljahr. Er katapultiert sich mit hoher Kraftanstrengung sofort in eine Außenseiterrolle. Klassenaktivitäten, Projektarbeit, Klassenausflüge und die anstehende Weihnachtslesenacht in der Schule findet Tom „doof, blöd oder langweilig". Tom demonstriert seine ablehnende Haltung durch lautstarke Äußerungen, verstärkt durch nach unten gestreckte Daumen. Die Bemühungen der Klasse Tom in ihre Mitte aufzunehmen, scheitern an Toms Wirklichkeitswahrnehmungsstörung.

Toms Arbeitshaltung ist katastrophal. Er arbeitet ausschließlich interessengeleitet, verbunden mit einer Anstrengungsverweigerungshaltung, gestört durch eine viel zu niedrige Frustrationsgrenze bei Misserfolgen. Dieses instabile Arbeitsverhalten zeigt sich natürlich in den einzelnen Lernbereichen. Tom rechnet zwar jede Sachrechenaufgabe vor, ruft auch gerne unaufgefordert dazwischen, zur schriftlichen Notation fehlt ihm allerdings die Motivation. Übungsaufgaben beendet Tom bei der ersten für ihn erkennbaren Schwierigkeit. Schriftliche Aufgaben im Sprachbereich werden nur höchst unwillig und im Zeitlupentempo bearbeitet. Im Bereich logischer Schulung zeigt Tom sich äußerst geschickt. Im Sach- und Religionsunterricht hat Tom außergewöhnlich hohes Hintergrundwissen, ruft jedoch ständig dazwischen und mault, wenn er einmal nicht drangenommen wird.

Toms große Leidenschaft ist das Lesen. Er liest ausgezeichnet und trägt seinen Mitschülern gerne sinngestaltend Geschichten vor. Außerdem zeichnet Tom sehr gut. Die Familiensituation ist sehr schwierig. Toms zwei Jahre älterer Bruder ist gerade gestorben.
Die Mutter entwickelt einen unreflektierten Beschützerinstinkt. Der vier Jahre jüngere Bruder leidet unter unkontrollierten Aggressionsausbrüchen. Toms Vater ist beruflich sehr eingespannt. Insgesamt ist die Familie aber gesprächsbereit.

Im Laufe des Schuljahres nimmt Toms Verhaltensauffälligkeit in der Familie zu. Die Eltern sind verzweifelt. Sie haben das Gefühl Tom gerät völlig außer Kontrolle. Er kommt erst eine Stunde nach Schulschluss nach Hause, ohne dass jemand weiß wo er ist. Tom wird beim Stehlen von Süßigkeiten mit einem anderen Jungen erwischt. Zu Hause hält Tom sich an keine in der Familie geltenden Regeln. Bestrafungen, wie Hausarrest oder Fernsehverbot nützen nichts. Erschwerend kommt hinzu, dass Toms Vater zum Sommer arbeitslos wird. Nach den Sommerferien sieht es so aus, als breche die Familie auseinander. Vater und Mutter werden mit der Trauer um den Sohn nicht fertig, hinzu kommt finanzielle Not, verbunden mit dem Gefühl den beiden Söhnen nicht gerecht werden zu können.

4.3.6 Fallbeispiel: Lennard

Lennard vermittelt zunächst den Eindruck, sich nicht konzentrieren zu können. Er fällt mir durch seine nervige Art auf, ständig den Lehrer zu unterbrechen und eine gewisse Arroganz an den Tag zu legen. Tatsächlich aber verfügt Lennard über ein hohes Hintergrundwissen in mehreren Lernbereichen, besonders im Mathematikunterricht.
Im Unterricht sagt Lennard direkt und ehrlich was er denkt, ohne sich um die Folgen zu kümmern. Dabei verteidigt er in Diskussionen seinen Standpunkt und ist manchmal regelrecht uneinsichtig. Seine fehlende Impulskontrolle beschert ihm häufig überflüssige Schwierigkeiten.

Im Laufe des Praktikums fällt auf, dass Lennard anscheinend sehr launenhaft ist. Zu Fleißaufgaben und Übungsarbeiten fehlt ihm jegliche Lust, während er herausfordernde Aufgaben zum Teil ausgezeichnet und mit enormer Ausdauer bearbeitet. Seine Arbeitshaltung entspricht damit nicht immer den Anforderungen und steht im Widerspruch zu seinem eigentlich strebsamen Verhalten. Dadurch setzt Lennard seine guten Leistungen herab.
Lennards Mitschüler beziehen keine direkte Position. Es ist schwer zu beurteilen, ob er fest in einem Freundeskreis integriert ist oder die Bewunderung seitens seiner Mitschüler für die offene Konfrontation mit der Lehrkraft seine Position in der Klasse stärkt.
Die Eltern von Lennard stehen der schulischen Laufbahn ihres Sohnes eher gleichgültig gegenüber. Sie sind zwar gesprächsbereit und mit allem einverstanden, werden jedoch nicht aktiv.

4.4 Vermittlung von Hintergrundwissen

Material: 1. Das Mehrfaktorenmodell von Franz Mönks
2. Das Münchner Hochbegabungsmodell von Kurt Heller
3. Fördermodelle: Enrichment, Akzeleration
4. Overheadprojektor mit Folien von Punkt 1- 3

Aufgabe: Befassen Sie sich mit den Modellen und vergleichen Sie!

Didaktische Ziele: Die Lehrer sollen ...
... die wissenschaftlichen Erkenntnisse in der Begabungsforschung kennen lernen.
... ihre Vorstellung von Begabung rekonstruieren und erweitern.
... die Möglichkeit zur Diskussion nutzen können.

5. Arbeit in der Lernwerkstatt

5.1 Einstieg in die Arbeit innerhalb der Lernwerkstatt

Material: Sequenzen aus dem Film „HomoSuperSapiens" (Hrgs. BMW AG 2000)

Methodenwechsel: Durch die folgende visuelle Sequenz soll ein weiterer Lernzugang einbezogen werden, mit dem Ziel die Multiplikatoren mit differenzierten Zugängen für das Thema zu sensibilisieren.

Aufgabe: Achten Sie auf Strategien, die im Umgang mit hochbegabten Schülern gezeigt werden.

Didaktische Ziele: Die Lehrer sollen ...
... angeregt durch die Fallbesprechungen über bereits Bekanntes hinausgehen.

... bisherige Erkenntnisse vertiefen.
... Strukturen erkennen in der Problematik des hochbegabten Kindes.

5.2 Strategien im Umgang mit hochbegabten Schülern

Mit der Vermittlung von Strategien im Umgang mit hochbegabten Schülern beginnt die Stationsarbeit.

5.2.1 Erste Station: „Der erfolgreiche Schüler" Kai

5.2.1.1 Akzeleration

Das Überspringen von Klassen kann für hochbegabte Schüler, die dem Profil des „erfolgreichen Schülers" entsprechen, gut geeignet sein. Es ist für hochbegabte, erfolgreiche Schüler äußerst wichtig, mit Entwicklungsgleichen zusammen zu sein. Kai suchte stets den Kontakt zu den hochbegabten Kindern in meiner Klasse. Anfang des vierten Schuljahrs reichte Kai der ihm gebotene Differenzierungsstoff nicht mehr aus. Er wollte endlich Physik, Biologie und Sprachen lernen.

Stationsaufgabe

Material: Profilliste

Aufgabe: Spielen Sie in einer kleinen Gruppe eine Klassen-
                     konferenz nach, die das Überspringen von Kai
                     diskutiert. Nehmen Sie die Profilliste in Ihrer
                     Argumentation mit auf.

Didaktischen Ziele: Die Lehrer sollen ...
                     ... ihr pädagogisches Repertoire erweitern.
                     ... authentische, bedeutsame Lernaktivitäten
                         erfahren.
                     ... Argumentationsstrategien entwickeln.

In Kais Fall (Besprechung im abschließenden Hearing)

Die Klassenkonferenz stimmte dem Antrag zum Springen in die fünfte Klasse einstimmig zu. Kai fühlt sich an seiner neuen Schule sehr wohl. In den ersten Klassenarbeiten schrieb Kai fast überall eine Eins. Er wurde außerdem in das Hochbegabtenprogramm der Schule aufgenommen. Kai lernt dadurch auch noch Russisch.

5.2.1.2 Defizite aufarbeiten

Kai hatte große Defizite im Bereich der Körperwahrnehmung. Der Sport- und Schwimmunterricht fiel ihm sehr schwer. Seine Mutter erzählte, dass Kai schon als Kleinkind Probleme mit seiner Bewegungskoordination hatte und zum Beispiel das Schaukeln erst sehr spät und unter sehr großer Mühe gelernt hat. Um Kai gerecht zu werden, sollte kompetenzorientiert gefördert und bei seinen Stärken angesetzt werden. Wobei es nicht darum gehen sollte, das Kind zu drillen. Vom entwicklungspsychologischem Standpunkt aus besteht kein Grund zur Sorge, wenn die körperliche Entwicklung mit der geistigen Entwicklung nicht Schritt halten kann. (vgl. Mönks 2000) Auch hier gilt der pädagogische Grundsatz: Das Kind da abholen, wo es steht.

Stationsaufgabe

Material:	Blindenschriftkarte, Blindenschrifttext, (s. Anhang) Übungsaufgabe
Aufgabe:	Versuchen Sie den Text zu entziffern
Didaktische Ziele:	Die Lehrer sollen ...

... Empathieempfinden für Überforderung entwickeln.

... erkennen, dass körperliche Unterlegenheit gezielt aufgearbeitet werden kann.

... erkennen, dass auch hochbegabte Kinder unsere Hilfe brauchen.

In Kais Fall (Besprechung im abschließenden Hearing)

Ich habe für Kai einen eigenen Sport- und Schwimmplan entwickelt. Es machte keinen Sinn ihn an den anderen Schülern zu messen, die sehr viel größer und sehr viel schwerer waren. Während alle anderen Schüler zum Beispiel Lagenschwimmen übten, lernte Kai auf einer eigenen Bahn das Brustschwimmen. Sprangen alle Kinder Seil in einem Zirkeltraining, musste Kai das Seilspringen erst einmal lernen. Er legte dabei nicht sehr viel Geduld an den Tag und meine Geduld wurde äußerst strapaziert. Die Eltern besuchten mit Kai vor der Schule eine Ergotherapie zur Verbesserung der defizitären Körperkoordination und gehen nun regelmäßig mit ihm schwimmen.

5.2.2 Zweite Station: „Der Herausforderer" Lennard

5.2.2.1 Reframing

Lennard zeigt typische Merkmale unterforderter Schüler:

* Er macht bei Übungsaufgaben Flüchtigkeitsfehler.
* Leichte Aufgabenstellungen bearbeitet er unkonzentriert, widerwillig, nachlässig.
* Zu Fleißarbeiten fehlt ihm die Motivation.
* Hausaufgaben macht er unsauber und unregelmäßig.
* Die Handschrift ist unsauber.
* Anspruchsvolle Aufgaben bearbeitet Lennard ausgezeichnet.
* Das Verhalten ist in seiner herausfordernden Art schon fast aggressiv.
* Gelegentlich spielt er den Klassenclown.

Die Gefahr für Lennard ein negatives Selbstkonzept aufzubauen ist sehr groß. Die negative, starre Sicht seiner selbst sollte in Frage gestellt und neu definiert werden. „Eine Methode, eine solch eingefrorene Perspektive in Bewegung zu bringen und um andere Sichtweisen zu bereichern, ist das Reframing." (Webb u. a. 2002, S. 202ff).

Reframing bedeutet die eigenen Ansichten oder Bewertungen aus einer erweiterten Sicht zu betrachten, um neue Perspektiven mit neuen Lösungsansätzen zu gewinnen.

Stationsaufgabe

Material: Ein Arbeitsblatt mit einer Denkaufgabe
                             (s. Anhang)

O   O   O

O   ●   O

O   O   O

Aufgabe a):   Verbinden Sie die neun Punkte durch vier Striche,
                             ohne den Stift dabei abzusetzen (Webb u.a. 2002,
                             zitiert nach Watzlawick et al.1992, S.202).

Didaktische Ziele: Die Lehrer sollen ...
                             ... über den natürlichen Rahmen des
                             vorgegebenen Quadrats hinauszeichnen.
                             ... erkennen, dass wir uns im Denken und Han-
                             deln Grenzen setzen, die uns einschränken.

Aufgabe b)   Das 9-Punkte-Problem ist eine Veranschaulichung
                             dafür, dass es sinnvoll sein kann, zur Lösung ei-
                             nes Problems über die eigene Sichtweise hinaus-
                             zugehen und mit einer erweiterten Perspektive
                             neue Lösungsmöglichkeiten zu finden. Im Umgang
                             mit den Kindern heißt Reframing, negativen Aus-
                             sagen der Kinder nicht einfach eine positive ge-
                             genüberzustellen, sondern die Sichtweise des
                             Kindes zu erweitern. Damit soll der Blickwinkel
                             des Kindes auf die eigene Person neu definiert
                             werden.
                             *Finden Sie zu den beiden Aussagen mögliche
                             Reframings:*
                             „Ich bin nicht gut genug."
                             „Ich bin zu langsam."

Didaktische Ziele: Die Lehrer sollen ...
... die Methode des Reframings kennen lernen.
... ihre eigenen Grenzen bewusst wahrnehmen,
um sie erweitern zu können.
... die Methode des Reframing aufnehmen, um
damit einseitige Denkweisen durch
konstruktivere zu ergänzen.

In Lennards Fall (Besprechung im abschließenden Hearing)

*Einem Kind mit negativem Selbstkonzept ist wenig geholfen, wenn einer
negativen Aussage eine positive gegenübergestellt wird. Angewendete
Beispiele von James Webb (Webb u. a. 2002, S. 204):*

* *„Ich bin nicht gut genug"*
  Mögliche Reframing:
  *„Du hast einen starken Wunsch, dich weiterzuentwickeln und
  noch mehr zu lernen."*
  „Du hast eine Vorstellung davon, wie du in Zukunft sein möchtest."
* *„Ich bin zu langsam"*
  Mögliche Reframings:
  „Du bist genau, sorgfältig und überlegt."
  *„Du bist sehr vielfältig und wählst genau unter deinen Möglich-
  keiten aus, das braucht Zeit."*

5.2.2.2 Teilunterricht in höheren Klassen

Eine Möglichkeit unterforderten Schülern zu helfen, kann der Teilun-
terricht in einer höheren Klasse sein. Diese Station zielt darauf ab, Empathie mit den unterforderten Schülern anzubahnen.

Stationsaufgabe

Material:	Das Spiel „Tempo kleine Schnecke"
	Das Strategiespiel „Der Turm von Hanoi"
Aufgabe:	Spielen Sie zuerst das Spiel „Tempo kleine Schnecke"!
	Spielen Sie danach das Spiel „Der Turm von Hanoi"!

Sprechen Sie über Ihre Empfindungen und
bringen Sie diese in Zusammenhang mit Ihren
Unterricht!

Didaktische Ziele: Die Lehrer sollen ...

... erkennen, wie unangenehm es ist, uninter-
essante Aktivitäten in der Schule auszuüben.

... sich in die Situation eines unterforderten
Schülers einfühlen können.

... die Notwendigkeit erkennen, Unterforderung
zu vermeiden.

In Lennards Fall (Besprechung im abschließenden Hearing)

*Lennard konnte im Mathematikunterricht am Unterricht der höheren
Klasse teilnehmen. Sein Verhalten änderte sich nicht sofort. Langfristig
jedoch fühlte Lennard sich ernst genommen und konnte langsam seine
Arbeitshaltung verbessern.*

5.2.3 Dritte Station: „Der Rückzieher" Marlena

5.2.3.1 Positivliste

Der Rückzieher verneint seine Begabung, vermeidet Herausforderungen
und nimmt selten an Hochbegabtenprogrammen teil. Soziale Akzeptanz,
so sein wie alle anderen, ist für den Rückzieher wichtig. Es ist jedoch ein
Trugschluss zu glauben, dass diese Kinder keine Förderung benötigen.
Schulische Unterforderung kann bei den Rückziehern zu Lustlosigkeit
trotz sehr guter Leistungen führen. Die Kinder nehmen sich im
Unterricht zurück, flüchten in eine Fantasiewelt und können sogar
depressiv werden (vgl. Huser 2000, S.21).

Obwohl Marlena leidenschaftlich gerne Gedichte und Geschichten
schrieb, nahm sie das Differenzierungsangebot nicht wahr.
Hilfreich kann eine Positivliste sein. Jedes Kind in der Klasse bekommt
ein Sternchen in die Positivliste, wenn es etwas Besonderes macht.

Stationsaufgabe

Material:
Pädagogische Sinnsprüche, die zu einzelnen Wörtern oder Satzteilen zerschnitten wurden.

- Ruhige Kinder sind nicht gleich unauffällige Kinder.
- Mädchen fügen sich gerne in die vermeintliche Mädchenrolle.
- Es gibt nichts Ungerechteres als die gleiche Behandlung von Ungleichen (Huser 2000 zitiert nach Paul F. Brandwein, S. 57).
- Vergleiche nie einen Menschen mit dem anderen, sondern nur jeden mit sich selbst (Huser 2000 zitiert nach Johann Heinrich Pestalozzi, S. 94).
- Anforderung und Können müssen im Gleichgewicht stehen (Huser 2000).
- Glück ist im Grunde nicht mehr, als seine Fähigkeiten zu hundert Prozent auszuleben (Huser 2000 zitiert nach Mihaly Csikzentmihalyi, S. 33).

Aufgabe:
Setzen Sie die Sätze zu sinnvollen Sinnsprüchen zusammen.

Didaktische Ziele: Die Lehrer sollen ...
... sich intensiv mit dem Sinngehalt auseinandersetzen.
... ihre eigenen Denkweisen überprüfen.
... die Individualität von Kindern erkennen.

<u>In Marlenas Fall (Besprechung im abschließenden Hearing)</u>
Die Positivliste entstand nicht als Idee negatives Verhalten zu bestrafen, sondern positive Verhaltensweisen zu fördern. Da alle Kinder sich um die Sternchen bemühen, kann auch Marlena aus sich herausgehen. Sternchen bekommen die Kinder zum Beispiel für:

- besondere soziale Verhaltensweisen,
- besonders schöne Hausaufgaben,
- das Mitbringen von Material für den Unterricht,
- das Mitbringen von zusätzlicher Literatur,
- die Vorbereitung kleiner Referate,
- das Mitbringen von Anschauungsmaterial,
- das Mitbringen von Anschauungsobjekten.

Nach Erreichen einer bestimmten Anzahl von Sternchen, erhalten die Kinder von mir ein besonders schönes Mandala zum Ausmalen, ein Gedicht oder eine Geschichte.

Marlena nutzte die Gelegenheit, wie alle anderen Kinder, ihre Begabung einzusetzen, Themen zu vertiefen und in den Unterricht einzubringen. Außerdem war Marlena bereit mit differenziertem Material zu arbeiten.

Tabelle 4: Mögliche Differenzierung im Sprachunterricht

1. Schuljahr	2. Schuljahr	3. Schuljahr	4. Schuljahr
Scrabble	Scrabble	Tabu	Tabu
Klassentagebuch	ABC-Gedicht	ABC-Gedicht	Haiku schreiben
Freies Schreiben	Assoziatives Schreiben	Assoziatives Schreiben	Assoziatives Schreiben
CD's mit Phantasiereisen als Schreibanlass	CD's mit Phantasiereisen als Schreibanlass	Elfchen schreiben	Elfchen schreiben
Kreatives Schreiben: Phantasieanregende Bilder, Materialien	Kreatives Schreiben: Phantasieanregende Bilder, Materialien	Kreatives Schreiben: Phantasieanregende Bilder, Materialien	Kreatives Schreiben: Phantasieanregende Bilder, Materialien

5.2.3.2 Rollenvorbilder

Es gibt die typische Mädchenrolle immer noch. Untersuchungen zeigen, dass viel weniger Mädchen an hochbegabten Programmen teilnehmen und auch weniger Mädchen als hochbegabt nominiert werden, ca.75% Jungen, 25% Mädchen (Hg.: BMW AG, HomoSuperSapiens 2000).

Stationsaufgabe

Material: Geschichte „Der Adler"
              (Huser 2000, s. Anhang)

Aufgabe: Lesen Sie die Geschichte und bringen Sie diese
              in Zusammenhang mit hochbegabten Mädchen.

Didaktische Ziele: Die Lehrer sollen ...
              ... erkennen, dass es die typische Mädchenrolle
              immer noch gibt.
              ... die Notwendigkeit erkennen, diese Rollen-
              vorbilder aufzubrechen.

5.2.4 Vierte Station: „Der Aussteiger" Dominik

5.2.4.1 Merkmale hochbegabter Leistungsversager

Das auffälligste Merkmal hochbegabter Leistungsversager ist die äu-
ßere Kontrollüberzeugung. (vgl. Mönks 2000, S. 58) Die Kinder gehen
davon aus, dass ihr eigenes Verhalten von außen her bestimmt wird.
Gute Noten liegen zum Beispiel daran, dass die Klassenarbeit zu leicht
war. Während bei einer inneren Kontrollüberzeugung Kinder davon
ausgehen, dass sie selbst die bestimmende Instanz sind. Gute Noten liegen daran, dass gelernt wurde.
Weitere mögliche Verhaltensmerkmale bei hochbegabten Leistungsversagern (nach Mönks, 2000, S. 58f):

- schwache Konzentration,
- negatives schulisches Selbstkonzept,
- geringes Lerntempo im Vergleich zu Mitschülern,
- große Mühe beim Studium von schriftlichen Lernstoff,
- negatives Urteil über Lehrer und Schule,
- geringe Schulmotivation,
- Unzufriedenheit über die eigenen Studiergewohnheiten und die
  erreichten Resultate,
- zu viele außerschulische Aktivitäten auf Kosten der Hausarbeiten,

- Mitschüler hegen zu hohe Erwartungen in bezug auf Leistungsfähigkeit,
- Lehrer behaupten [...], dass die Leistungen unter den wirklichen Möglichkeiten liegen,
- die Eltern sind unzufrieden wegen der geringen schulischen Leistungen,
- Prüfungsangst,
- geringes soziales Selbstvertrauen,
- die betreffenden Schüler fühlen sich von den Klassenkameraden nicht akzeptiert.

Entscheidend ist, die hochbegabten Kinder in den Grundschulen zu finden, bevor sie in den weiterführenden Schulen zu Leistungsversagern werden. Wenn sich Kinder in der Grundschule nicht anstrengen müssen, fehlt die von den weiterführenden Schulen erwartete Anstrengungsbereitschaft und Motivation.

Das Leistungsversagen führt bei den Kindern schließlich zu einem negativen Selbstkonzept. „[...], hochbegabte Leistungsversager (haben) im Hinblick auf schulische Angelegenheiten ein negatives, oft sogar sehr negatives Selbstkonzept [...]." (Mönks 2000, S.60)

Manchmal bekommen wir in unseren Grundschulen schon Kinder aus dem Kindergarten mit negativem Selbstkonzept. Sie erfinden Spiele, die keiner versteht, entdecken neue Strategien, die nicht nachzuvollziehen sind, wollen nicht still sitzend malen und werden schlimmstenfalls noch als schulunreif zurückgestuft.

Stationsaufgabe

Material: Karten mit auslösenden Faktoren
             Karten mit Aussagen, die auf ein negatives
             Selbstkonzept schließen lassen

Eine gute Note in einer Klausur	Mitschüler wollen sich mit dem Kind/ Schüler verabreden	Erfolgerlebnisse im Sport

| Die Arbeit war zu einfach! | Die finden sonst wohl keinen! | Den Kinderkram kann ja jeder! |

Aufgabe: Versuchen Sie jeweils einer Karte mit „auslösendem Faktor" eine Aussagenkarte, die auf ein negatives Selbstkonzept schließen lässt, zuzuordnen.

Didaktische Ziele: Die Lehrer sollen ...

... an den Beispielen erkennen, wie sich ein negatives Selbstkonzept äußern kann.

... erkennen, dass ihnen vielleicht selber schon solche Äußerungen begegnet sind.

... die Notwendigkeit erkennen, dass Kinder mit negativem Selbstkonzept Hilfe brauchen. Hilfe findet sich häufig in unkonventionellen Lösungsmöglichkeiten, wenn die traditionellen nicht mehr praktikabel sind.

In Dominiks Fall (Besprechung im abschließenden Hearing)

Da uns Dominiks negatives Selbstkonzept bewusst war, gelang es uns seine Lage anders einzuordnen. Zunächst führten wir ein Gespräch mit Dominik, indem wir ihn auf seine außergewöhnlichen Leistungen aufmerksam machten. Dominik zeigte sich misstrauisch und tat seine Leistungen als zu gering ab. Weitere Gesprächsversuche blockte er ab. Durch eine wirklich unkonventionelle Art kamen wir schließlich doch noch an Dominik heran. Meine Mitstreiterin und ich spielten beide jahrelang Handball. Im Sportunterricht initiierten wir ein Handballspiel, wobei die Neuntklässler davon ausgingen, uns „Studenten" in Grund und Boden spielen zu können. Als wir uns als gleichwertige Spielpartner erwiesen, fühlten sich die Jugendlichen von uns ernst genommen. Dadurch gelang es uns in einem Gespräch langsam Dominiks Vertrauen zu gewinnen. Wir konnten einen Mentor gewinnen, der Dominik betreut, mit ihm Lerngewohnheiten einübt und an seinem negativen Selbstkonzept arbeitet.

5.2.5 Fünfte Station: „Der Lern- und Verhaltensgestörte" Tom

5.2.5.1 Schultagebuch

Ziel des Schultagebuchs ist eine weitere Möglichkeit zur positiven Verstärkung des eigenen Selbstkonzeptes. Ein lern- und verhaltensgestörter hochbegabter Schüler verfügt über ein negatives Selbstkonzept. Er befindet sich in einem Teufelskreis von Anerkennung suchen, Entmutigung, Frustration und daraus resultierenden Aggressionen und einer möglichen Depression.

Anwendung des Schultagebuchs: Die Lehrkraft notiert jeden Tag die von dem Kind positiv erreichten Verhaltensweisen.

Beispiele:

* Tom, du hast es heute bis zur Pause geschafft, dem Unterricht konzentriert zu folgen.
* Tom, du hast heute einen Streit mit einem guten Vorschlag lösen können.
* Tom, du hast dich heute sehr bemüht, zügig zu arbeiten.
* Tom, du hast es heute bis zur Pause geschafft, dich an unsere Melderegel zu halten.
* Tom, du hast dich heute mit allen Kindern gut vertragen.

Kommt es zu gravierenden Rückschlägen, wird dieses ebenfalls notiert. Die Wahrheit ist besonders im Umgang mit hochbegabten Kindern von zentraler Bedeutung, weil die Kinder die Intelligenz und Sensibilität mitbringen uns Erwachsene zu durchschauen. Kasimierz Dabrowsky spricht von „overexcitabilities" (Webb u.a. 2002, S. 23ff). „Er geht davon aus, dass Menschen mit einem guten Wertesystem auf eine Verletzung dieser Werte emotional intensiver reagieren, [...]." (Webb u.a. 2002, S. 23)

Stationsaufgabe

Material: Schultagebuch

Aufgabe: Denken Sie eine Minute an Ihren verhaltenauf-
                 fälligsten Schüler und notieren Sie sich positive
                 Verhaltensweisen.

Didaktische Ziele: Die Lehrer sollen ...
...ihre eigenen Reaktionen auf ihre Schüler
reflektieren.
... Einsichten in eigene Verhaltensweisen
gewinnen.
... die Reaktionen in Frage stellen und sich auf
positive Verhaltensweisen konzentrieren.

<u>In Toms Fall (Besprechung im abschließenden Hearing)</u>

*Das Schultagebuch wird phasenweise eingesetzt. Nach meinen Erfah-
rungen reicht zunächst ein Zeitraum von 3 Monaten aus. Eine Pause ist
sehr wichtig. Erstens um der Kind-Lehrerbeziehung Ruhe zu geben und
zweitens, um dem Kind das Vertrauen entgegenzubringen, seine Verhaltensänderung auch durchzuhalten. Zum Abschluss schreibe ich in das
Tagebuch, dass Tom sich so gut in die Klassengemeinschaft eingelebt
hat, dass wir uns eine Pause gönnen.*

*Es ist besonders wichtig dem hochbegabten Kind den Freiraum zu ge-
ben, den Prozess seiner Verhaltensänderung mitzugestalten und mit-
zusteuern. Das Schultagebuch gibt die nötige Struktur und Sicherheit,
Schritt für Schritt das eigene Selbstkonzept zu verbessern. Verstärkt
wird die Wirkung des Schultagebuchs durch die Würdigung im Elternhaus. Die Eltern sollten das Tagebuch jeden Tag mit ihrem Kind lesen
und über die Fort- oder Rückschritte sprechen.*

*Nachdem sich das destruktive Verhalten Toms geändert und stabilisiert
hat – wir brauchten etwa ein dreiviertel Jahr – begannen wir an Toms
Arbeitsverhalten zu arbeiten und benutzten auch dafür das Schultagebuch. Toms Klasse bot ihm dabei eine ganz entscheidende Hilfe. Irgendwann zum Ende des Schuljahres begannen die Kinder sich zu freu-
en, wenn Tom tatsächlich seine Aufgabe vollständig bewältigen konnte
und sie fingen an zu klatschen. Zunächst reagierte Tom irritiert, bis sein
strahlendes Gesicht alle Kinder zum Strahlen brachte.*

5.2.5.2 Aktionsraum

Hochbegabte Kinder zeigen oft ein hohes Energieniveau. Sie werden
gelegentlich irrtümlich für hyperaktiv gehalten (Webb u.a. 2002, S. 31).

Auch Tom erschien mir zunächst ein ADS oder sogar ADHS-Kind zu sein, bis ich ihn zeichnen sah. Tom malt hochkonzentriert, feinstilisierte Bilder, wobei seine niedrige Frustrationsgrenze das Bild dann irgendwann zerknüllt in eine Ecke befördert. Echte hyperaktive Kinder aber haben nur eine sehr kleine Aufmerksamkeitsspanne.

Ziel muss also sein, dem hohen Aktivitätsniveau einen Aktionsraum zu geben. Geeignet sind Singspiele, weil sie Raum für kontrollierte Aktivitäten geben und außerdem das Gemeinschaftsgefühl der Klasse fördern.

Da wir gerade im Rahmenbereich der Sexualerziehung arbeiteten, bot sich für uns das Singspiel „In mir wohnt eine Sonne" an. Die Kinder können ihren Gefühlen durch singende Rollenspiele, Pantomimen, Tanzen und „Sich-an-die-Hand-nehmen" Ausdruck verleihen.
Jedes andere Singspiel ist geeignet, es kann über einen längeren Zeitraum erarbeitet werden und den normalen Unterricht begleiten.

Stationsaufgabe

Material: CD „In mir wohnt eine Sonne"
von Sonja Blattmann
(Blattmann, 2000)

Aufgabe: Suchen Sie sich ein Lied heraus und lassen Sie sich zu Bewegungen inspirieren.

Didaktische Ziele: Die Lehrer sollen ...
... die Wirksamkeit von Bewegung nach Sitzphasen erfahren.
... die Notwendigkeit erkennen, Aktionsraum zu geben.
... den Freiraum für Kreativität nutzen.
... die Möglichkeit nutzen, Ideen in ihr eigenes Unterrichtsrepertoire aufzunehmen.

Tabelle 5: Weitere Aktionsmöglichkeiten

1. Schuljahr	2. Schuljahr	3. Schuljahr	4. Schuljahr
Gordischer Knoten	Gordischer Knoten	Flussüberquerung	Flussüberquerung
Autowaschstraße	Hagenunu	Feuer, Wasser, Sturm	Feuer, Wasser, Sturm
Handtuchspiele	Löwenjagd	New Games	New Games
Schwungtuch	Schwungtuch	Schwungtuch	Schwungtuch
Malen nach Musik	Malen nach Musik	Kindermusicals in Bewegung umsetzen	Musicals in Bewegung umsetzen

In Toms Fall (Besprechung im abschließenden Hearing)

Das Singspiel bietet den Kindern vielfältige Möglichkeiten ihren Gefühlen Ausdruck zu verleihen. Tom nutzte diese Möglichkeit. Er wollte möglichst bei jedem Lied mitwirken und tatsächlich trug Tom seine Gefühle außergewöhnlich ausdrucksstark nach außen. Er bekam die Gelegenheit unauffällig körperlichen Kontakt zu seinen Mitschülern aufzunehmen und genoss das innige Miteinander in der Gruppe. Tom hat gelernt, dass aktives Miteinander in der Klasse nicht immer grob sein muss. Er hat damit einen großen Schritt in die Klassengemeinschaft getan.

5.2.5.3. Motivation umleiten

Toms Motivation ist äußerst interessengeleitet. Für den Unterricht erscheint diese Motivation zunächst nicht sehr nützlich. Tom zeigt in vielen Themengebieten Leistungen, die unter seinen Möglichkeiten liegen, wenn sie nicht seinen Interessen entsprechen. Entscheidend ist nun, dass überhaupt Motivation da ist. Ziel ist es, die vorhandene Motivation zu nutzen, indem wir sie behutsam umleiten (vgl. Webb u.a. 2000, S. 89). Wir haben in der zweiten Klasse ein Schreibprojekt zum Thema Schrift durchgeführt. Vordergründig lernten die Kinder historische Schriftarten und Schriften aus anderen Kulturen kennen: Sütterlin, Chinesische Schriftzeichen, Altgriechische Schriftzeichen und die Brailleschrift. Entscheidend an dem Projekt ist die Erkenntnis, dass wir mit der Schrift nicht nur etwas Inhaltliches ausdrücken, sondern auch mit dem „Schrift-Bild" dem Adressaten etwas mitteilen.

Über das sehr handlungsorientierte Thema üben die Kinder auch das Schönschreiben. Oft machen sich hochbegabte Kinder nichts aus Schönschreiben. Motivation für das sachliche Thema Schrift kann so auf das Gebiet der ungeliebten Schönschreibübungen transferiert werden.

Stationsaufgabe

Material: Chinesische Buchstaben (s. Anhang)

Aufgabe: Suchen Sie sich ein Zeichen aus, dass zu Ihnen passt und gestalten Sie sich einen Schmuckbuchstaben.

Didaktische Ziele: Die Lehrer sollen ...
                    ... die Freude an der Gestaltung historischer Schriftzeichen entdecken.
                    ... Raum finden, um ihre eigene Kreativität zu entfalten. (Wie mein Dozent an der Uni Münster einmal sagte: Nur kreative Lehrer gestalten kreativen Unterricht).
                    ... ihr eigenes Wissen über die historische Schriftentwicklung reproduzieren.
                    ... einen Weg kennen lernen Motivation umzuleiten.

<u>In Toms Fall (Besprechung im abschließenden Hearing)</u>

Tom fand das sachliche Thema Schrift sehr interessant. Die chinesischen Schriftzeichen gestaltete er ausgezeichnet, wobei ihm sein natürliches Talent zu Gute kam. Zunächst bemühte sich Tom schön zu schreiben. Mit zunehmendem Projekt jedoch ließ die Bereitschaft das Schriftbild schön zu gestalten nach. Die Motivation umzuleiten ist nur als Langzeitziel zu erreichen und sollte möglichst fest im Unterrichtsplan integriert sein.

5.2.5.3.2 Anstrengungsverweigerung

Verbunden mit fehlender Motivation zeigt sich häufig bei lern- und verhaltensgestörten Schülern Anstrengungsverweigerung. Tom macht so gut wie keine Hausaufgaben. Zu Hause behauptet Tom, er habe keine Hausaufgaben auf. Die Eltern lehnen Kontrolle ab.

Stationsaufgabe

Material: Zeitungsausschnitte mit verschiedenen Menschen

Aufgabe: Versuchen Sie in einer Collage jeweils zwei Menschen in Beziehung zueinander zu bringen. Welche Strategien könnte die eine Person anwenden, um den Gegenüber zu einer Anstrengung zu bewegen? Abschließendes Hearing mit dem Transfer auf die Schule.

Didaktische Ziele: Die Lehrer sollen ...

... reproduzieren, wie enorm wichtig Körpersprache im Zusammenhang mit Motivation ist.

... ihren Horizont neu für die Vielfältigkeit menschlicher Beziehungen öffnen.

... Strategien entwickeln, die es lohnend erscheinen lassen sich anzustrengen.

... im Transfer auf die Schule ihre eigene Kompetenz reproduzieren und erweitern.

<u>In Toms Fall (Besprechung im abschließenden Hearing)</u>

In einem Gespräch mit Tom haben wir über den Sinn von Hausaufgaben gesprochen. Er war auch relativ schnell einsichtig und gestand schließlich ein, er wisse die Aufgaben zu Hause einfach nicht mehr. Zum Notieren fehle ihm die Zeit. Tom ist offensichtlich überfordert. Es gelingt ihm noch nicht sich selbst zu organisieren. Als Hilfsangebot habe ich Tom angeboten, sein Notieren der Aufgaben mit meinem Kürzel gegenzuzeichnen. Damit möchte ich Tom die Sicherheit geben, nicht alleine für den reibungslosen Ablauf der Schulaufgabennotation verantwortlich zu sein. Die Eltern zeichnen die Notation gegen, sobald Tom seine Aufgaben erledigt hat. Mittlerweile zeigen sich die ersten Erfolge.

Tom nimmt ohne Aufforderung sein Hausaufgabennotizheft heraus. Er macht seine Aufgaben nicht mehr im Beisein der Mutter, sondern zeigt sie ihr abschließend vor. Ziel ist es, Tom „step by step" die vollständige Verantwortung zu übertragen.

5.2.5.4 Wirklichkeitswahrnehmung

Tom hat große Probleme mit der Wirklichkeitswahrnehmung. Das Problem ist zu komplex, um einfach festzustellen: Tom lügt. Die intellektuellen Anschauungen und vielfach ethischen Sichtweisen des hochbegabten Kindes unterscheiden sich erheblich von „Durchschnittskindern". Hochbegabte Kinder beginnen oft sehr früh, sich mit dem Wesen der Dinge zu beschäftigen. Sie interessieren sich für existenzielle Fragestellungen und entwickeln einen persönlichen Horizont. Damit verfügen sie aber nicht automatisch über eine erhöhte Problemlösekompetenz im alltäglichen Umgang mit gleichaltrigen Kindern, obwohl es nach außen hin so scheint. Daraus kann eine differenzierte Wirklichkeitswahrnehmung resultieren (vgl. Webb u.a. 2002, S. 123). Toms Wirklichkeitswahrnehmung ist erheblich gestört. Das traumatische Erlebnis vom Tod des Bruders steht in Verbindung mit der gravierenden Wirklichkeitswahrnehmungsstörung. Für Toms Selbstkonzept ist es notwendig, diese Störung zu reflektieren, um mit ihm daran arbeiten zu können.

Stationsaufgabe

<u>Aufgabe a)</u>

Material:	Ein zerschnittenes Bild (zum Beispiel von Marc Chagall „Ich und das Dorf")
Aufgabe:	Versuchen Sie das Bild rational zusammenzusetzen
Didaktische Ziele:	Die Lehrer sollen ... ... sich mit ihren eigenen Vorstellungen von Wirklichkeit auseinandersetzen.

... erkennen, dass es nicht immer nur eine
Wirklichkeit gibt.
... ihren Wirklichkeitsbegriff neu definieren.

Aufgabe b)

Material:

Situationsbeschreibung
Situation: Tom zeichnet ein Bild mit Wasserfarbe.
Er versucht sehr filigran die Verästelungen eines
Baumes darzustellen, was nicht richtig gelingt,
weil die Wasserfarbe verläuft. Deutlich ist Toms
Verzweiflung und sein „Mit-sich-selbst-ringen"
zu erkennen. Tom wird rot im Gesicht, ist wütend
über seine Unfähigkeit und vermittelt den Eindruck, als hinge sein weiteres Dasein von diesem
Bild ab. Er ist nahe daran, sein Bild wütend zu
zerknüddeln.

Aufgabe:

Überlegen Sie sich Möglichkeiten, Tom in dieser
Situation zu helfen und begründen Sie Ihre Vorge-
hensweise. Abschließendes Hearing in Klein-
gruppen

Didaktische Ziele: Die Lehrer sollen ...
... ihre eigene pädagogische Kompetenz reproduzieren.
... neue Vorstellungen in ihr Konzept aufnehmen.

Aufgabe c)

Material:

Fantasiereise
Stellen Sie sich vor, Sie sitzen in einer Prüfung! Die
Atmosphäre ist entspannt, beide Prüfer und der Pro-
tokollant sind bereits da. Die Prüfung beginnt.
„Ich habe ein gutes Gefühl, denn ich habe gelernt
und beherrsche das Thema.
Jetzt geht es gleich los. Der Prüfer stellt die erste
Frage. Ja, mein Spezialgebiet. Da kann ich 'ne
Menge erzählen."

Der Prüfer stellt Fragen, mit denen Sie gut zurechtkommen. Doch plötzlich stellt der Zweitprüfer Fragen. Sie kommen mit der Fragestellung nicht zurecht. „Was will der von mir? Kann ich wohl noch mal nachfragen?" Sie bitten den Prüfer die Frage zu wiederholen. „Was mache ich nur? Warum redet der denn so laut? Ich bin doch nicht taub. Was nun? Kann ich ihn bitten, die Frage umzuformulieren? Los, trau dich!" Sie bitten den Prüfer, die Frage neu zu formulieren. „Mein Gott, das ist doch kein Grund die Augen zu verdrehen. Der macht mich ganz nervös. Beruhige dich! Konzentriere dich auf das, was du gelernt hast! Was meint der bloß? Mensch, das kann doch nicht so schwer sein. Also, was habe ich gelernt? Wohin gehört die Frage?" Der Prüfer bittet Sie nun die Frage zu beantworten. „Ich bin aber auch wirklich zu blöd. Wenn ich hier durchfalle. Nicht auszudenken. Was mache ich bloß? Boh ist mir heiß. Mir wird schlecht. Ich kann doch hier nicht versagen. Dann war alles umsonst ..."

| Aufgabe: | Lesen Sie den Text. Sprechen Sie über eigene negative Selbstgespräche. Bedenken Sie den Stress, den negative Selbstgespräche auslösen können. Finden Sie Strategien, mit denen Sie negative Selbstgespräche positivieren könnten. |

Didaktische Ziele: Die Lehrer sollen ...

... erkennen, dass Selbstgespräche nicht ungewöhnlich sind.

... sich bewusst werden, welchen Stress negative Selbstgespräche auslösen.

... sich mit der Möglichkeit auseinandersetzen, ein negatives Selbstgespräch zu positivieren.

... das Konzept des Selbstgesprächs in ihr Methodenrepertoire aufnehmen.

In Toms Fall (Besprechung im abschließenden Hearing)

Das von Webb konzipierte Selbstgespräch (Webb u. a. 2002, S. 124f) ist für Tom hilfreich. „Selbstgespräch ist, was wir uns selbst über uns sagen, wie wir uns selbst und unser Handeln bewerten" (Webb u. a. 2002, S. 124). Ziel des Selbstgesprächs ist es, aktiv die eigene Selbstbewertung zu reflektieren und Erwartungen zu reflektieren, die das Kind sich selber setzt.

Viele Menschen neigen gelegentlich zu irrationalen Überzeugungen, wie „Du musst von jedermann geliebt werden" oder „Wenn du das nicht schaffst, war alles umsonst" (Webb u. a. 2002, S. 126). Oft sind hochbegabte Kinder zu selbstkritisch und führen negative Selbstgespräche (Webb u. a. 2002, S. 124f). Hochbegabte Kinder neigen in ihrem Bemühen um Perfektionismus noch schneller zu irrationalen Überzeugungen. Sie müssen lernen, diese irrationalen Überzeugungen zu erkennen und aktiv ihre Selbstbewertung zu prüfen, um das eigene Handeln rational bewerten zu können.

Aber! Das Kind braucht unsere Hilfe. Kein Grundschulkind findet alleine aus einem irrationalen Selbstgespräch heraus. Ein hochbegabtes Kind findet sicher schneller den Sinn für eine rationale Perspektive zurück, aber Hilfe braucht es trotzdem. Vor allem, wenn es sich um ein verhaltensgestörtes hochbegabtes Kind handelt.

Hilfreich können Denkanstöße sein, die direkt auf das Problem zielen. In Toms Situation sind Hinweise nötig, die Tom aus dieser für ihn offensichtlich ausweglosen Situation heraushelfen und sein Selbstgespräch in positive Bahnen lenken.

„Tom, was wäre denn das Schlimmste, was dir jetzt passieren könnte?"

„Welche Katastrophe wäre denn wirklich damit verbunden?"

Ziel ist es, das offensichtlich negative Selbstgespräch zu positivieren, den Blick auf das Rationale zu fokussieren. Die Perspektive sollte darauf gelenkt werden, was kann ich wirklich schaffen. Wo habe ich meine Ansprüche an mich selbst viel zu hoch gesetzt. Dieser Prozess dauert lange. Mit jedem Schritt jedoch gewinnt das Kind an Selbstbejahung. Damit gelangt es zu einer rationalen Umgehensweise mit von ihm gewünschten Zielen und tatsächlich erreichbaren Zielen.

Durch den Prozess des bejahenden Selbstgesprächs lernt das Kind letztendlich, dass der Stress solcher Situationen nicht an dem Scheitern eines Bildes oder an einer scheinbar unlösbaren Aufgabe liegt, sondern durch das entsteht, was man sich an Wirkung selber einredet.

5.2.5.4.1 Elterngespräche zur Klärung der realen Situation

Die Arbeit mit dem Kind an seiner Wirklichkeitswahrnehmung gelingt nur in direkter Zusammenarbeit mit den Eltern. Tägliche Telefonate sind zu Beginn keine Ausnahme. Natürlich sind Elterngespräche Lehrkräften hinreichend vertraut.

Stationsaufgabe

Material: Situationsbeschreibung
Tom kommt mit einer dicken Beule an der Stirn und Abschürfungen an den Knien nach Hause. Er behauptet ein Viertklässler habe ihn absichtlich über einen Gegenstand geschubst. Natürlich ruft die Mutter aufgeregt an. Sie beschwert sich über die Misshandlung ihres Sohnes.
Durch die Klärung der Situation mit allen Beteiligten stellt sich die Situation jedoch anders dar. Tom ist einem Viertklässler nachgerannt und dabei über einen Schultornister gestolpert. Auf meine Frage, wie Tom zu seiner Darstellung kommt, antwortet er: „Ich konnte doch gar nichts sehen, weil ich gerade am Fallen war." Da Tom sich vorgestellt hat, es würde erwartet, er könne die Situation erklären, gerät Tom in eine Stresssituation. Seine lebhafte Fantasie führt dann zu seiner eigenen Wahrheit.

Aufgabe: Führen Sie zu zweit ein Eltern-Lehrer-Gespräch. Versuchen Sie dabei die neu gewonnenen

Erkenntnisse mit einzubeziehen. Ziel ist es, die
Eltern zu einer erfolgreichen Zusammenarbeit zu
bewegen.

Didaktische Ziele: Die Lehrer sollen ...
... ihre neu gewonnenen Erkenntnisse in einem
szenischen Spiel anbringen.
... ihre bereits vorhandene Kompetenz in Lehrer-
Elterngesprächen reproduzieren und erweitern.

5.2.5.5 Positive Bestärkung

Obwohl wir in der Schule Fortschritte machen, spitzt sich die familiäre
Situation zu.

Stationsaufgabe

Aufgabe: Überlegen Sie sich Strategien, die Toms Eltern
helfen könnten, die familiäre Situation zu ent-
spannen.
Abschließendes Hearing.

Didaktische Ziele: Die Lehrer sollen ...
... in ihrer eigenen pädagogischen Kompetenz
bestärkt werden.
... von Strategien der Kollegen profitieren.
... neue Strategien in ihre pädagogische Arbeit
aufnehmen.

<u>In Toms Fall (Besprechung im abschließenden Hearing)</u>
Für Tom ist es wichtig psychologische Hilfe zu bekommen. Das Trau-
ma des toten Bruders mit dem Gefühl nicht verstanden zu werden, kann
Tom nicht alleine verarbeiten. In einem Gespräch mit ihm wurde noch
einmal deutlich, wie wichtig die Berücksichtigung der Hochbegabung
in Zusammenhang mit der seelischen Verfassung ist.

Den Eltern habe ich geraten, sich zunächst darauf zu konzentrieren, was Tom kann. Wenn Bestrafungen zu keinem Erfolg führen, ist es sinnvoll, die Situation umzukehren. Da es sehr wichtig ist, dass Tom pünktlich nach Hause kommt, habe ich ihnen geraten, Tom nicht mehr zu bestrafen, sondern eine Belohnung für korrektes Verhalten in Aussicht zu stellen.

Außerdem ist es dringend notwendig, aus dem Teufelskreis von Vorwürfen und Fehlverhalten herauszukommen. Brechen können den Teufelskreis jedoch nur die Eltern, denn sie sind die verantwortlichen Personen. Auf unserem Sommerabschlussfest erzählten mir die Eltern, dass die positive Verstärkung Wirkung zeige und sich Toms Verhalten deutlich bessere.

5.2.6 Sechste Station: „Der Selbstständige" Bastian

5.2.6.1 Differenzierter Wochenplan

Stationsaufgabe

Material: Fantasiereise verbunden mit ecriture automatique
Stellen Sie sich vor, Sie sitzen in einer Klasse mit
Analphabeten. Keiner kann lesen und schreiben.
Man zwingt Sie in dieser Klasse zu bleiben, obwohl Sie kein Analphabet sind.
Sie müssen Anlautübungen mitmachen.
Sie müssen Schwungübungen mitmachen.
Sie müssen Buchstabe für Buchstabe schreiben
lernen.
Sie müssen Arbeitsblätter zur optischen Differenzierung bearbeiten.
Sie müssen Arbeitsblätter zur akustischen Differenzierung bearbeiten.
Sie hören die ersten stotternden Leseversuche.
Man zwingt Sie, die Lesestellen der Lesenden mit
dem Finger nachzuvollziehen.

Aufgabe:	Lesen Sie in Ruhe den Text und richten Sie Ihren Fokus nach innen. Was empfinden Sie in dem Unterricht? Wie versuchen Sie der Langeweile zu entkommen? Schreiben Sie ohne den Stift abzusetzen eine Minute, ungeachtet von Rechtschreibregeln oder Satzbauregeln. Sie dürfen auch die Sprache selber wählen.
Didaktische Ziele:	Die Lehrer sollen ...
	... mit dem ecriture automatique-Verfahren ihre innersten Gefühle verschriftlichen.
	... Empathieempfinden für Schüler entwickeln, die immerzu warten müssen.
	... die Notwendigkeit von differenzierten Unterricht für hochbegabte Schüler erkennen.

Für Bastian war es bereits in den ersten Wochen notwendig, einen differenzierten Wochenplan zu erstellen. Da auch alle anderen Schüler am Wochenplan arbeiten, kommt es nicht zu Konkurrenzsituationen.

Bastians Wochenplan besteht aus handlungsorientierten Angeboten, die es ihm ermöglichen eigene Strategien zu entwickeln und experimentell zu arbeiten.

Tabelle 6: Differenzierung im Fach Mathematik und Bereich logischer Schulung

1. Schuljahr	2. Schuljahr	3. Schuljahr	4. Schuljahr
Zahlenmauern	1x1 Brett	Parkettierung	Parkettierung
Rechentürme	1x1 Reise	Origami	Origami
Somawürfel	Somawürfel	Somawürfel	Somawürfel
Geobrett	Geobrett	Geobrett	Geobrett
Tangram	Tangram	Knobelwürfel	Knobelwürfel
Labyrinthspiel	Labyrinthspiel	Der Turm von Hanoi	Schauen und Bauen
Muster ergänzen/ erfinden	Ergänzen logischer Reihen	Erfinden von Zauberquadraten	Klecksaufgaben
Geomax	Geomax	Geomax	Geomax

In Bastians Fall (Besprechung im abschließenden Hearing)

Bastian arbeitet selbstständig mit seinem Wochenplan. Er erledigt zunächst die gemeinsamen Aufgaben. Danach nimmt er das Differenzierungsangebot wahr.

5.2.6.2 Drehtürmodell

Bastian hat das Drehtürmodell für sich selbst erfunden. In einem Sachunterrichtsprojekt zum Thema Licht und Schatten beschäftigte sich Bastian selbstständig in einem der Klasse direkt angrenzenden Differenzierungsraum mit dem Bau einer Taschenlampe aus Alltagsmaterialien. Zusätzlich bekam Bastian Hintergrundinformationen zur Verfügung gestellt, um seine praktische Arbeit inhaltlich zu füllen. Abschließend brachte Bastian seine neu gewonnenen Erkenntnisse in das gemeinsame Klassenprojekt durch ein Referat ein.

Stationsaufgabe

Material: Karten mit Projektnamen – Zeitungsartikel

Beispiele:

Projekte	Zeitungsartikel
Kinder in anderen Ländern	Kulinarisch und musikalisch rund um die Welt
Der Zoo und seine Tiere	Landwirtschaft nur für Nahrung?
Wir rechnen mit dem €	Pilz macht Buche den Garaus
Wir stellen ein Buch vor	Fahrgestell geht auf Reisen
Wir experimentieren mit Wasser	Die Zugspitze
Auf dem Bauernhof	Kleiner Star wird langsam groß
Herbstwerkstatt	Mexikanische Momente
Umwelterziehung	Schweden sagen Nein zum Euro
Kartoffelprojekt	Mit dem Rad auf den Spuren des Rades
Moderne Künstler	„Windi" hinter Schloss und Riegel
Vom Korn zum Brot	Mit der Kutsche durch das Dorf
Früher – Heute	Exotische Pflanze kommt ins Brot

Projekte	Zeitungsartikel
Ferienerlebnisse	Magdeburg erinnert an Hundertwasser
Waldprojekt	Asturien-Preis für Joanne K. Rowling
Von der Postkutsche zum LKW	Sackweise Kartoffeln vom Feld weg verkauft
	Ein Wasserbassin und 40 Urkunden entdeckt
	Problemabfälle gehören nicht in den Hausmüll
	Damen lassen die Spinnräder surren
	Schroffe Schönheit

Aufgabe: Ordnen Sie den Projektkarten Zeitungsartikel zu. Überlegen Sie sich dann aus Ihren Unterrichtserfahrungen Projekte, die Schüler in einem Drehtürmodell bearbeiten könnten!

Didaktische Ziele: Die Lehrer sollen ...

... die Möglichkeit erkennen, aktuelle Ereignisse in die Projektarbeit als Differenzierung aufzunehmen.

... durch die Projektkarten und Zeitungsartikel an eigene Projekte erinnert werden.

... ihr Wissen reproduzieren und in Zusammenhang mit dem Drehtürmodell bringen.

In Bastians Fall (Besprechung im abschließenden Hearing)

Bastian ist ein außergewöhnlich kreatives Kind. Die Ideen für die Drehtürmodelle findet Bastion selber. Er beschäftigt sich vertiefend mit Material, dass er von zu Hause mitbringt, oder welches ich ihm zur Verfügung stelle.

Er notiert seine weiterführenden Studien nicht gerne, sondern trägt sie lieber mündlich, unter zu Hilfenahme von Bildmaterial vor. Ich denke, dass wir im dritten Schuljahr daran arbeiten werden, eine Notationsform zu finden, die für uns beide annehmbar ist.

5.3. Abschluss der Werkstattarbeit

5.3.1 Resümee

Übergeordnetes Ziel unserer Arbeit ist es, mit den in den Stationen aufgezeigten Strategien zu einem harmonischem Zusammenspiel von „Motivation – Kreativität – hohen intellektuellen Fähigkeiten" und „Familie – Freunde – Peers" beizutragen.

Die Harmonisierung des „Triadischen Interpedenz Modell" von Franz Mönks haben wir als weiteren visuellen Zugang zu dem Thema Hochbegabung in einer Kognitionsspirale dargestellt.

Die Kognitionsspirale

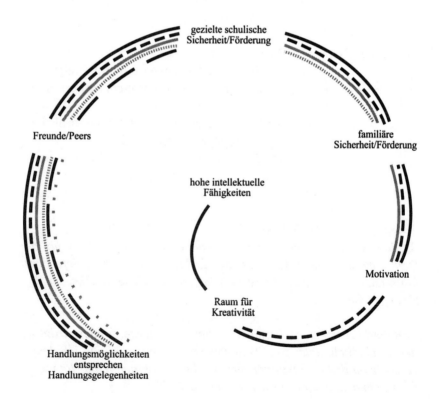

Die Spirale haben wir gewählt, um zu verdeutlichen, dass die Faktoren immer auf ein Neues abgestimmt werden müssen. Ein intrinsisch motiviertes Kind kann durchaus bedingt durch schulische Unterforderung die Motivation verlieren. Erst durch die Bündelung der Faktoren gelangt das Kind zu besonderer Leistung.

Stehen die sechs Faktoren „Motivation – Kreativität – hohen intellektuellen Fähigkeiten" und „Familie – Freunde – Peers" nicht im Gleichgewicht, kommt es zu Störungen in der Kognitionsspirale:

Gestörte Kognitionsspirale

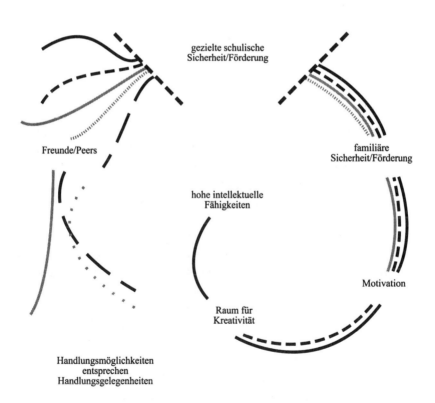

gezielte schulische
Sicherheit/Förderung

Freunde/Peers

familiäre
Sicherheit/Förderung

hohe intellektuelle
Fähigkeiten

Motivation

Raum für
Kreativität

Handlungsmöglichkeiten
entsprechen
Handlungsgelegenheiten

Die Bündelung der Faktoren wird an diesem Beispiel durch fehlende schulische Förderung/Forderung gestört. Desto mehr Störfaktoren auftreten, desto weniger ist ein besonders begabtes Kind in der Lage seine Fähigkeiten zu nutzen.

Unsere Aufgabe als betreuende, den Schüler begleitende Lehrkraft ist es, unterstützend an der Bündelung der Kognitionsspirale mitzuwirken. Unter besonderer Berücksichtigung eines jeweiligen Schülerprofils.

5.4 Fazit zur Werkstatt

Die von uns angewendeten Strategien für ein bestimmtes Schülerprofil sind in abgewandelter Form sicher auf andere Profile anwendbar. Wir verstehen die von Mönks überarbeitete Profilliste von Betts & Neihard, die mit weiteren Profilen erweiterbar ist, als Anregung und hilfreiche Checkliste für die praktische Arbeit. Jeder Pädagoge kann sich die erprobten Strategien individuell für seinen Umgang mit einem besonders begabten Schüler abwandeln.

6. Schlussbemerkung

Wir wünschen uns, durch unsere „Praxishandreichung für den Umgang mit den unterschiedlichen Profilen hochbegabter Schüler" dazu beitragen zu können, dass bereits in den Grundschulen konkret auf die besonderen Fähigkeiten und Fertigkeiten, aber auch auf die Probleme und Schwierigkeiten hochbegabter Schüler eingegangen wird.

Für die gesunde Entwicklung eines positives Selbstbildes, eine zentrale Schaltstelle unseres Verhaltens und psychischen Wohlbefindens, ist es erforderlich, dass von Anfang an die besonderen Bedürfnisse von Kindern berücksichtigt werden. Die von uns erarbeiteten schulischen Maßnahmen werden nicht von heute auf morgen aus einem lern- und verhaltensgestörten hochbegabten Schüler einen „Musterschüler" machen. Rückschläge gehören für den Schüler genauso zum Lernprozess, wie für den Lehrer. Als zum Beispiel Tom im Frühjahr seine Bezugsperson in der Schule krankheitsbedingt für nur kurze Zeit verlor, war das für ihn eine Katastrophe. Tom verfiel augenblicklich in altbewährte Verhaltensmuster. Wir fingen danach von vorne an. Es braucht sehr viel Geduld und gegenseitige Rücksichtnahme um einen gemeinsamen Lernprozess in Bewegung zu halten.

Manchmal müssen traditionelle Konfliktlösungsstrategien zugunsten unkonventioneller Lösungsmöglichkeiten aufgegeben werden. Manch scheinbar schwierige Situation löst sich durch eine gute Portion Humor von selbst. Es ist auch immer wieder ein Drahtseilakt, abzutasten wie weit Kompetenzen zugunsten der Schüler verschoben werden können. Übergeordnetes pädagogisches Langzeitziel ist es, die Schüler in ihrem positives Selbstkonzept zu bestärken oder ihnen zu helfen ein positives Selbstkonzept zu entwickeln.

Wir hoffen, mit unserer Lernwerkstatt Kollegen für die Thematik „Hochbegabung" neue Impulse geben zu können. Besonders durch die Verknüpfung der wichtigsten wissenschaftlichen Erkenntnissen in der Begabungsforschung mit der Konkretisierung schulischer Maßnahmen und der damit verbundenen selbsttätigen Arbeit in der Lernwerkstatt.

Wir selber konnten neue Wege einschlagen, neue Erfahrungen sammeln und unseren Unterricht bereichern. Unser wichtigstes Anliegen dabei:

„Ist ein Kinderlachen strahlend und klar"

7. Literaturverzeichnis

- Betts, G. T. & Neihart, M. (1988).
  Profiles of the Gifted and Talents. Gifted Child Quarterly 32(2).
  Übersetzung: Zentrum für Begabungsforschung.
  Universität Nijmegen; deutsche Übersetzung und Bearbeitung
  durch Franz Mönks

- Blattmann, Sonja (2000). *In mir wohnt eine Sonne.*
  Hannover: Polygram

- BMW AG (Hg.) (2000). *Homo Super Sapiens.* Ein Projekt des
  Staatsinstituts für Schulpädagogik und Bildungsforschung.
  München: O.A.

- Bundesministerium für Bildung und Forschung (2001). *Begabte
  Kinder finden und fördern.* Wolfenbüttel: roco-Druck

- Csikszentmihalyi, M. und I. (1995). *Die außergewöhnliche
  Erfahrung im Alltag.* Stuttgart: Klett-Cotta Verlag

- Heller, K. A. (1998). *Förderung von Hochbegabten.* In: Wissen und
  Werte für die Welt von morgen. München: bayerisches Staatsminis-
  terium für Unterricht, Kultus, Wissenschaft und Kunst

- Hesse, H. (1985; Erstausgabe 1906). *Unterm Rad. Die Romane und
  die großen Erzählungen;* erster Band der Jubiläumsaufgabe.
  Frankfurt: Suhrkamp

- Huser, J. (2000). *Lichtblick für helle Köpfe.*
  Zürich: Lehrmittelverlag

- Korczak, J., in: Bülow, Kerstin (Hg.) (2000). *Ohne Kinder wäre
  Nacht.* Gütersloh: Kiefel Verlag

- Mönks, F. J. & Ypenburg, I. H. (2000). *Unser Kind ist hochbegabt.*
  München: Ernst Reinhardt Verlag

- Renzulli, J. S. (1986). *The three-ring conception of giftedness.*
  A development model for creative productivity. In: Sternberg, R. &
  Davidson, E. Conceptions of giftedness, New York

- Renzulli, J. S. (1993). *Ein praktisches System zur Identifizierung
  hochbegabter und talentierter Schüler.* Psychologie in Erziehung
  und Unterricht 40

- Termann, L. M./Oden, M. H. (1959). *Genetic studies of genius. The gifted group at mid-life: Thirty-five years' follow-up oft the superior child*, Stanford

- Ullrich, W./Brockschnieder, F. J. (2001). *Reggio-Pädagogik im Kindergarten.* Freiburg: Herder

- Urban, K. (1998). *Die Förderung Hochbegabter zwischen demokratischem Anspruch und pädagogischer Herausforderung.* In: Hoyningen-Süess, U. & Lienhard, P. (1998). Hochbegabung als sonderpädagogisches Problem. Luzern: Ed.SZH/SPC

- Webb, T. J.; Meckstroth, E. A.; Tolan, S. S. (2002). *Hochbegabte Kinder, ihre Kinder, ihre Eltern, ihr Leben.* Göttingen: Huber

Internet:

- www.chinalink.de/sprache/zeichenwunsch

- www.christoffel-blindenmission.de/baum/CBM_DE_baumbart_2780.html

Anhang

Das Braill´sche Punktschriftalphabet (A1)

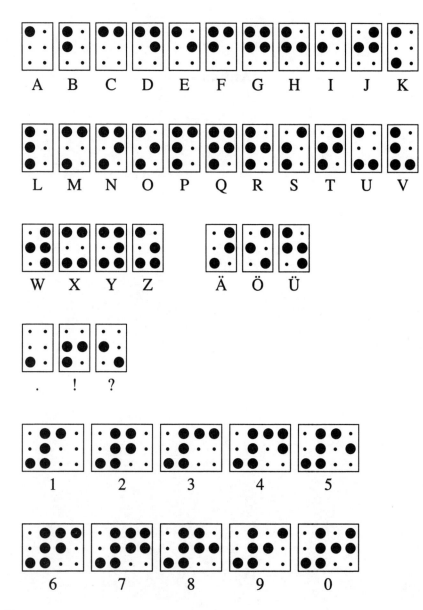

Übungsaufgabe zum Braill'schen Punktschriftalphabet

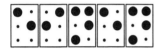

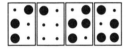

Lösung:

Ich übersetze einen Satz in Blindenschrift.

nach: www.christoffel-blindenmission.de/baum/CBM_DE_baumbart_2780.html

Das Neun-Punkte-Problem (A2)

Verbinden Sie die neun Punkte durch vier Striche,
ohne den Stift dabei abzusetzen.

Lösung

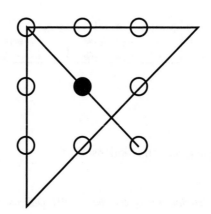

Sinnsprüche (A3)

Ruhige Kinder / einen Menschen / unauffällige Kinder

Mädchen / fügen sich / von Ungleichen. / in die / sondern nur / vermeintliche Mädchenrolle

Es gibt nichts / gerne / als die gleiche / Behandlung / Ungerechteres

Vergleiche nie / im Gleichgewicht / sind nicht gleich / mit dem anderen / Prozent auszuleben.

Anforderung und / im Grunde / stehen

Glück ist / jeden mit sich selbst / nicht mehr / als seine Fähigkeiten / Können müssen / zu hundert

(Der Schrägstrich zeigt jeweils die Schnittstelle im Satz)

Lösung

Ruhige Kinder sind nicht gleich unauffällige Kinder

Mädchen fügen sich gerne in die vermeintliche Mädchenrolle.

Es gibt nichts Ungerechteres als die gleiche Behandlung von Ungleichen.

Vergleiche nie einen Menschen mit dem anderen, sondern nur jeden mit sich selbst.

Anforderung und Können müssen im Gleichgewicht stehen

Glück ist im Grunde nicht mehr, als seine Fähigkeiten zu hundert Prozent auszuleben

Der Adler (A4)

Einst fand eine Frau bei einem Gang durch den Wald einen jungen Adler. Sie nahm ihn mit nach Hause auf ihren Hühnerhof, wo der Adler bald lernte, Hühnerfutter zu fressen und sich wie ein Huhn zu verhalten.

Eines Tages kam eine Zoologin des Weges und fragte die Eigentümerin, warum sie einen Adler, den König aller Vögel, zu einem Leben auf dem Hühnerhof zwinge. „Da ich ihm Hühnerfutter gegeben und ihn gelehrt habe, wie ein Huhn zu sein, hat er nie das Fliegen gelernt", antwortete die Eigentümerin. „Er verhält sich genau wie ein Huhn, also ist er kein Adler mehr."

„Dennoch"; sagte die Zoologin, „hat er das Herz eines Adlers und kann sicher das Fliegen lernen."

Nachdem sie die Sache beredet hatten, kamen die beiden Frauen überein, zu ergründen, ob das möglich sei. Behutsam nahm die Zoologin den Adler in die Arme und sagte: „Du gehörst den Lüften und nicht der Erde. Breite deine Flügel aus und fliege."

Doch der Adler war verwirrt; er wusste nicht, wer er war, und als er sah, wie die Hühner pickten, sprang er hinab, um wieder zu ihnen zu gehören.

Unverzagt nahm die Zoologin den Adler am nächsten Tag mit auf das Dach des Hauses und drängte ihn wieder: „Du bist ein Adler, breite deine Flügel aus und fliege." Doch der Adler fürchtete sich vor seinem unbekannten Selbst und der Welt und sprang wieder hinunter zu dem Hühnerfutter.

Am dritten Tag machte sich die Zoologin früh auf und nahm den Adler aus dem Hühnerhof mit auf einen hohen Berg. Dort zeigte sie ihm drei andere Adler, die durch die Lüfte flogen. Dann hielt sie den Vogel hoch in die Luft und ermunterte ihn wieder: „Du bist ein Adler. Du gehörst ebenso den Lüften wie der Erde. Breite deine Flügel aus und fliege."

Der Adler schaute sich um, spähte zurück zum Hühnerhof und hinauf zum Himmel, wo die Adler kreisten. Noch immer flog er nicht.

Da hielt ihn die Zoologin direkt gegen die Sonne, und da geschah es, dass der Adler zu zittern begann und langsam seine Flügel ausbreitete. Endlich schwang er sich mit einem triumphierenden Schrei hinauf in den Himmel.

Es mag sein, das der Adler noch immer mit Heimweh an die Hühner denkt; es mag sogar sein, dass er hin und wieder den Hühnerhof besucht. Doch, so weit irgendjemand weiss, ist er nie zurückgekehrt, um das Leben eines Huhnes wieder aufzunehmen.

Er war ein Adler, obwohl er wie ein Huhn gehalten und gezähmt worden war.

Nach einer Geschichte aus Afrika

Karten mit auslösenden Faktoren (A5)

Karten mit Aussagen, die auf ein negatives
Selbstkonzept schließen lassen

Eine gute Note in einer Klausur	Mitschüler wollen sich mit dem Kind verabreden	Erfolgserlebnisse im Sport
Die finden wohl sonst keinen!	Den Kinderkram kann ja jeder!	Die Arbeit war zu einfach!

Lösung

Eine gute Note in einer Klausur	⟶	Die Arbeit war zu einfach!
Erfolgserlebnisse im Sport	⟶	Den Kinderkram kann ja jeder!
Mitschüler wollen sich mit dem Kind verabreden	⟶	Die finden wohl sonst keinen!

Weitere mögliche Verhaltensmerkmale bei hochbegabten Leistungsversagern (nach Franz Mönks) (A6)

Schwache Konzentration

Negatives schulisches Selbstkonzept

Geringes Lerntempo im Vergleich zu Mitschülern

Große Mühe beim Studium von schriftlichem Lernstoff

Negatives Urteil über Lehrer und Schule

Geringe Schulmotivation

Unzufriedenheit über die eigenen Studiergewohnheiten und die erreichten Resultate

Zu viele außerschulische Aktivitäten auf Kosten der Hausarbeiten

Mitschüler hegen zu hohe Erwartungen in Bezug auf Leistungsfähigkeit

Lehrer behaupten, dass die Leistungen unter den wirklichen Möglichkeiten liegen

Die Eltern sind unzufrieden wegen der geringen schulischen Leistungen

Prüfungsangst

Geringes soziales Selbstvertrauen

Die betreffenden Schüler fühlen sich von den Klassenkameraden nicht akzeptiert

Chinesische Schriftzeichen (A7)

Kind

孩子

Kraft, Einfluss, Stärke

勢

Licht

光

Sehnsucht

思念

Sonne

太陽

zerbrechlich

易碎

Zukunft

未來

Zufriedenheit

知足

nach: www.chinalink.de/sprache/zeichenwunsch

Begabtenförderung

Praxisberichte des ICBF Münster/Nijmegen
hrsg. von Prof. Dr. Franz J. Mönks und
Dr. Christian Fischer

Monika Konrad
(Hoch-)Begabung – (k-)eine Chance?
Underachiever finden, fordern und fördern.

Ein Beitrag aus dem Deutschunterricht
Diese Arbeit – beschreibt Probleme von Jungen
und Mädchen, die trotz besonderer Begabungen in
der Schule keine entsprechenden Leistungen erbringen – bietet Hilfen zur Identifikation und zum
Verständnis solcher Kinder – nützt der Förderung
aller Kinder – beschreibt und erklärt didaktische
Ansätze zur Förderung im Deutschunterricht –
bietet Anregungen auch für andere Fächer – berücksichtigt unterschiedliche Lehr- und Lernstile und
Möglichkeiten der Informationsverarbeitung – zeigt
praktische Wege zur Förderung von Selbständigkeit
und Eigenverantwortung Theorie und praktische
Überlegungen sind gestützt durch aktuelle psychologische und pädagogische Forschungsergebnisse.
Bd. 1, 2005, 104 S., 12,90 €, br., ISBN 3-8258-8493-7

Dagmar Bergs-Winkels; Carolin Gieseke;
Sandra Ludwig
Die Uni in der Kinder-Uni
Eine Begleitstudie zur Münsteraner Kinder-
Uni
Im vorliegenden Band wird das Ergebnis der vom
ICBF und dem Institut für empirische Pädagogik
der Universität Münster durchgeführten Untersu-
chung zur Münsteraner Kinder- Uni vorgestellt. Un-
ter Fragestellungen wie „Welche Themen wecken
bei den jungen Studierenden ein besonderes Interes-
se?", „Wie motivieren die Professoren hunderte von
Kindern für ihre Themen?" und „Stellt die Kinder-
Uni eine Möglichkeit zur Förderung von besonders
Begabten dar?" beschäftigt sich die Studie mit den
ersten Vorlesungsreihen, die von der Universität
Münster im WS 2003/04 und im SS 2004 veranstal-
tet wurden.
Bd. 2, 2006, 88 S., 14,90 €, br., ISBN 3-8258-9696-X

Begabungsforschung

Schriftenreihe des ICBF Münster/Nijmegen
hrsg. von Prof. Dr. Franz J. Mönks und
Dr. Christian Fischer

Christian Fischer; Franz J. Mönks;
Esther Grindel (Hg.)
**Curriculum und Didaktik der
Begabtenförderung**
Begabungen fördern, Lernen individualisieren
Bd. 1, 2004, 464 S., 24,90 €, br., ISBN 3-8258-7737-x

Kurt A. Heller; Ralph Reimann;
Angelika Senfter (Hg.)
Hochbegabung im Grundschulalter
Erkennen und Fördern
Inwieweit Lehrkräfte über die Erscheinungsformen
und Lernbedürfnisse Hochbegabter im Grundschulalter informiert sind, wurde durch zwei Studien untersucht. Aus den Untersuchungsergeb-
nissen werden ein Kompetenzstufenmodell sowie
Curriculumbausteine zur Qualifizierung für Hoch-
begabtenfragen im Grundschulbereich abgeleitet.
Diese werden mit Konzepten und Praxisbeispielen
für die Erkennung und Förderung hochbegabter
Grundschulkinder sowie Qualitätssicherungsmaß-
nahmen ergänzt. Das Buch stellt eine unentbehrli-
che Informationsgrundlage für die Lehreraus- und
fortbildung im Primarbereich dar.
Bd. 2, 2005, 152 S., 16,90 €, br., ISBN 3-8258-8492-9

Astrid Heinze
**Lösungsverhalten mathematisch begabter
Grundschulkinder – aufgezeigt an
ausgewählten Problemstellungen**
Die vorliegende Arbeit in der Reihe zur Begabungsforschung thematisiert *mathematische Begabung*.
Es werden wichtige Einblicke in die Denkweisen mathematisch begabter Grundschulkinder
eröffnet. Exemplarisch werden Besonderheiten
mathematisch begabter Grundschulkinder beim
Problemlösen herausgearbeitet; dabei ergeben sich
im Vergleich zu normal begabten Kindern deutli-
che Unterschiede im Lösungsverhalten. Die bisher
existierenden Merkmalkataloge mathematischer
Begabung werden über- prüft, anhand ausgewählter
Problemstellungen konkretisiert und erweitert.
Bd. 3, 2005, 352 S., 24,90 €, br., ISBN 3-8258-8801-0

Mandy Fuchs
**Vorgehensweisen mathematisch potentiell
begabter Dritt- und Viertklässler beim
Problemlösen**
Empirische Untersuchungen zur Typisierung
spezifischer Problembearbeitungsstile
Die vorliegende Arbeit ist dem Themenfeld „Mathematisch begabte Grundschulkinder" gewidmet.
Sie umfasst – ausgehend von einer komplexen
interdisziplinaren Sichtweise – insbesondere eine
theoretisch begründete Modellierung mathematischer Begabungsentwicklung im Grundschulalter,
eine abstrakt-analytische Strukturierung von Ansät-
zen zum (mathematischen) Problemlösen und eine
auf theoretischen Positionen basierende empirisch-
konstruktiv gewonnene Klassifizierung von spezi-
fischen Problembearbeitungsstilen mathematisch
potentiell begabter Dritt- und Viertklässler.
Bd. 4, 2006, 328 S., 33,90 €, br., ISBN 3-8258-9477-0

LIT Verlag Münster – Berlin – Hamburg – London – Wien
Fresnostr. 2 48159 Münster
Tel.: 0251 – 62 032 22 – Fax: 0251 – 23 19 72
e-Mail: vertrieb@lit-verlag.de – http://www.lit-verlag.de

Begabungskultur
hrsg. von Univ.-Prof. Dr. Friedrich Oswald
(Universität Wien)

Friedrich Oswald
Das Überspringen von Schulstufen
Begabtenförderung als Akzeleration individueller Bildungslaufbahnen
Bd. 2, 2006, 128 S., 18,00 €, br., ISBN 3-8258-7603-9

Friedrich Oswald; Günter Hanisch; Gerhard Hager
Wettbewerbe und „Olympiaden" – Impulse zur (Selbst)-Identifikation von Begabungen
Internationale Wettbewerbe – „Olympiaden" – finden alljährlich statt; die vorliegende Untersuchung befasst sich mit der Beteiligung österreichischer Jugendlicher an Wettbewerben. Sie erscheinen bei internationalen Wettbewerben oft auf den ersten Rangplätzen. Es wird der Frage nachgegangen, ob die Teilnahme an Wettbewerbskursen und an Wettbewerben zur Identifikation von Begabungen und zur Selbstentdeckung persönlicher Fähigkeiten führt und dadurch die Entscheidungsgrundlagen für die individuelle Studien- oder Berufswahl bewusst werden lässt. Schüler, Lehrlinge, Lehrer, Direktoren, Landesschulinspektoren und Fachinspektoren wurden in dieser Intention befragt. Die Ergebnisse rechtfertigen die Investitionen für derartige herausfordernde Unternehmungen sowohl im Hinblick auf individuelle Bewusstseinslagen als auch im Interesse der Gesellschaft.
Bd. 3, 2005, 192 S., 24,80 €, br., ISBN 3-8258-7604-7

Karl Klement
Beobachten lernen – Begabungen entdecken
Ein pädagogisch-ganzheitliches Praxismodell
Begabungen entwickeln sich in verschiedenen Lebensfeldern und treten in unterschiedlichsten Formen auf. Beim Beobachten hochbegabter Kinder sind Erziehende oft abhängig von *eigenen* Erfahrungen: *Wie* erkennt man Hochbegabungen? Allgemein gilt: Begabungen erkennt, wer auf bestimmte Verhaltensmerkmale achten weiß und richtige Schlüsse daraus zieht: *Der „pädagogischen Beobachtung" sollte wieder der Vorrang vor der „psychologischen Diagnostik" eingeräumt werden!* Dieses Buch hilft Begabungen zu identifizieren, indem es für alle am Erziehungsprozess Beteiligten Beobachtungsperspektiven und damit Entwicklungsmöglichkeiten eröffnet.
Bd. 4, 2005, 120 S., 9,80 €, br., ISBN 3-8258-7887-2

Maria Fast
Mathematische Leistung und intellektuelle Fähigkeiten
Integrative Begabungsförderung bei Sechs- bis Zehnjährigen
So manche/r Schulanfänger/in zeigt bereits überdurchschnittliche mathematische Leistungen. Ist es zulässig, auf außergewöhnliche intellektuelle Fähigkeiten zu schließen? Der vorliegende Band entwirft einen Schamatikunterricht für sechs- bis zehnjährige Kinder, in dem durch geeignete Aufgabenstellungen Begabungen in der Schule festgestellt und gefördert werden können. Als günstig erweisen sich problemorientierte Lernumgebungen, die speziell logisch-mathematische Denkprozesse anregen. Fallbeispiele zeigen, wie Kinder bei anspruchsvollen Aufgabenstellungen individuelle Lösungswege finden.
Bd. 5, 2005, 168 S., 19,90 €, br., ISBN 3-8258-7888-0

Robert Knollmüller
Prüfungsmodalitäten im Anspruch von Differenzierung
In den zahlreichen Abhandlungen, die zur Inneren Differenzierung existieren, wird zwar übereinstimmend eine Verbesserung schulischer Lehr- und Lernprozesse gefordert, doch ein wesentlicher Teil des Schüler- und Lehreralltages wird meist ausgeklammert: die Leistungsfeststellung und die Leistungsbeurteilung. Ohne Veränderung der Vorgangsweise im Bereich der Leistungsfeststellung und -beurteilung sind der Unterrichts- und Schulentwicklung im Zusammenhang mit Innerer Differenzierung Grenzen gesetzt. Dieses Buch soll einen Beitrag zur Frage der Differenzierung unter Einbeziehung der „Prüfungsmodalitäten" erbringen.
Bd. 6, 2005, 192 S., 19,90 €, br., ISBN 3-8258-8903-3

Hochbegabte
Individuum – Schule – Gesellschaft

Klaus K. Urban
Kreativität
Bd. 7, 2004, 208 S., 19,90 €, br., ISBN 3-8258-8244-6

Klaus K. Urban
Hochbegabungen
Aufgaben und Chancen für Erziehung, Schule und Gesellschaft
Bd. 8, 2004, 352 S., 19,90 €, br., ISBN 3-8258-8246-2

LIT Verlag Münster – Berlin – Hamburg – London – Wien
Fresnostr. 2 48159 Münster
Tel.: 0251 – 62 032 22 – Fax: 0251 – 23 19 72
e-Mail: vertrieb@lit-verlag.de – http://www.lit-verlag.de